MADAME DE SÉVIGNÉ

I

La gloire a ses hasards, ou plutôt elle a ses mystères, car il y a une raison à tout; nous appelons mal à propos mystère cette logique secrète des choses humaines, que notre irréflexion n'a pas assez approfondie, et dont nous attribuons les effets au hasard au lieu de les attribuer à leur véritable cause.

Disons d'abord quel est ce hasard qui nous

frappe l'esprit au seul nom de madame de Sévigné. Nous chercherons ensuite si la gloire de ce nom est bien en effet un hasard, et nous expliquerons le mystère de cette immortalité d'un commérage devenu un des plus grands vestiges d'un des plus grands siècles. Le hasard, le voici :

Une femme obscure, une pauvre veuve, mère de deux jeunes enfants, sans importance personnelle dans la nation, sans rang à la cour, sans nom qui attire d'avance sur elle l'attention de son pays, sans le prestige des dignités qu'elle aurait recueillies d'un père ou d'un mari, sans haute fortune, sans grande parenté parmi ceux qui remuent les affaires de son temps, sans faveur et même sans distinction du roi qui règne, cachée tantôt dans une rue d'un quartier subalterne de Paris, tantôt dans les allées d'une métairie de la Bourgogne ou de la basse Bretagne; cette veuve oisive s'assied les soirs d'été à l'ombre de son arbre *des Rochers*, se recueille les soirs d'hiver au coin de son feu de Paris, écoute son cœur, regarde par un coin de fenêtre ou d'horizon la *figure du monde qui passe,* prend la plume, la laisse courir à son caprice sur son genou, s'épanche avec sa fille, cause avec ses amis, chuchote avec les absents, s'entretient avec elle-même ou avec Dieu, jette jour par jour lettres et billets à la poste, ne pense ni au public, ni à la gloire, et se trouve tout à coup et à l'improviste avoir construit, non-seulement le monument littéraire le plus original, le plus varié, le plus national de son siècle, mais peut-être le monument le plus intime et le plus pathétique du cœur humain dans tous les siècles.

Le temps a marché, des curieux ont décacheté les lettres : le babillage est devenu génie, le commérage est devenu histoire, le chuchotement est devenu un des plus longs bruits de la postérité.

Voilà le hasard. Et maintenant voyons le mystère.

II

Le mystère ? Il est en deux mots : c'est que l'intérêt des choses humaines n'est pas dans la grandeur des situations ou des événements, mais dans l'émotion de l'âme où ces situations et ces événements retentissent. L'âme est aux choses humaines, petites ou grandes, ce que l'air est au bruit : le véhicule du son. Vous aurez beau frapper les plus grands coups sur le métal le plus sonore, si l'air manque ou s'il est raréfié, vous n'entendrez rien, l'écho sera muet ; sans air, point de bruit ; sans âme, point d'impression, et de là point d'intérêt, et de là encore point de gloire. C'est le secret du cœur humain, qui ne peut être ému que par consonnance avec ce qui a été ému avant lui.

Or, il y a des âmes cachées au monde, plus émues et par conséquent plus sonores que tout le siècle dans lequel Dieu les jette, comme il jette des échos dans le secret des forêts et des antres ; on ne les voit pas, on les entend jusqu'à ce que le bûcheron ait renversé les arbres ou que le temps ait réduit le roc en poussière. Ces âmes communicatives, véhicules des impressions et des retentissements de leur propre cœur ou des bruits de leur siècle, s'interposent puissamment par leur nature émue et vibrante entre le monde et nous, forcent à penser et à sentir en elles et par elles, quand nous voudrions en vain leur échapper. Elles sont l'élément sensible, le milieu sympathique (pour nous servir d'un terme matériel) à travers lequel nous percevons tout, le présent, le passé et souvent nous-mêmes. Aussi qu'arrive-t-il dans les jeux de la réputation et de la gloire littéraire? Il arrive que des êtres inaperçus de leurs comtemporains, des hommes cachés, des femmes obscures, quelquefois des âmes anonymes, comme l'auteur de l'*Imitation de Jésus-Christ*, sont en réalité plus grands et plus immortels que tout leur siècle, et que, pendant que les hommes qui remuent à grandes brassées les choses humaines, qui bouleversent les empires, qui manient les sceptres, qui agitent les assemblées, qui administrent les affaires publiques, qui font l'histoire ou qui l'écrivent, s'efforcent de créer un grand bruit permanent après eux autour de leur nom, ces hommes sont supplantés dans la gloire par quelqu'un qu'ils n'avaient pas même aperçu sous leurs pieds dans la foule, par un pauvre moine comme l'anonyme de l'*Imitation*, par un pauvre horloger comme J.-J. Rousseau, par une pauvre femme comme madame de Sévigné. La postérité sait à peine le nom des prétendus grands politiques, grands poëtes, grands orateurs, grands écrivains, qui monopolisaient la renommée du temps, et elle écoute après des siècles les plus secrètes palpitations du cœur de ces êtres ignorés, comme si ces palpitations étaient les plus grands événements de l'humanité. Ils le sont en effet ; car les choses ne sont rien, c'est le cœur humain qui est tout dans l'homme. La gloire le sait bien, elle : voilà pourquoi elle prend ses vrais et éternels favoris, non dans ceux qui lui font le plus de bruit, mais dans ceux qui lui font les plus pathétiques confidences de l'âme.

Tel est, selon nous, le mystère de la renommée toujours croissante de madame de Sévigné. Maintenant racontons sa vie.

Mais, non. Avant de raconter sa vie, disons, pour qu'on le comprenne bien, un mot du genre de littérature qui lui vaut l'intérêt du monde, qui n'existait pas avant elle, qu'elle a créé, et qui ne peut être caractérisé, selon nous, que par un mot : *la littérature domestique*, le génie du foyer, le cœur de la famille.

III

Il y a deux centres entièrement différents auxquels aboutissent les pensées, les actes, les écrits de l'homme dans nos sociétés modernes, et même dans les sociétés de tous les âges : le public restreint caché derrière les murs du foyer et resserré par des liens plus étroits autour du cœur.

Il n'est pas vrai, comme on a affecté de le dire de nos jours pour autoriser la destruction de la famille par un individualisme impossible ou par un communisme brutal, que ce soit la société politique qui ait fait la famille ; c'est la nature. Heureusement pour le genre humain, dont la conservation est placée au-dessus de nos aberrations et de nos rêves, ce n'est pas sur une loi humaine que la famille est fondée, c'est sur une loi de Dieu, c'est-à-dire sur un instinct. Les instincts sont le droit divin de la constitution de l'humanité : on ne les discute pas, on les subit. L'esprit véritablement philosophique ne se révolte pas contre les instincts ; il s'abîme, au contraire, dans la contemplation de la sagesse infinie et de la bonté suprême qui a chargé la nature elle-même de nous promulguer le premier article de cette constitution du genre humain.

IV

La Providence, par une loi aussi mystérieuse qu'elle est clémente, a voulu que l'espèce humaine ne se créât et ne se conservât que par l'amour. Elle a placé une passion sympathique aux sources de la vie pour enfanter l'homme, et une affection sympathique aux sources de la famille pour perpétuer la société. Par un mystère de notre origine qui est en même temps une révélation de notre destinée, l'être isolé peut vivre, mais il ne peut se perpétuer; il suffit d'être un pour exister, il faut être deux pour créer. L'unité est inféconde, le couple est éternel.

De ce couple naît, par l'amour, un troisième être qui le complète : c'est le fruit de l'amour, c'est l'enfant. Jusqu'à la naissance de l'enfant, il y avait union, il n'y avait pas encore famille ; l'esprit de famille, c'est-à-dire d'amour conservateur, multiplié par l'être nouveau qui l'inspire et qui le ressent, naît avec le premier enfant dans l'âme du père et de la mère, et remonte par une réciprocité instinctive aussi de de l'enfant à la mère et au père. L'enfant les aime parce qu'il en est aimé. Voilà le groupe achevé. Voilà la trinité de la nature, d'où jaillit et rejaillit l'amour comme l'esprit saint de l'humanité, l'esprit de famille.

V

Quand la famille se développe et se multiplie dans d'autres enfants ou petits-enfants, avec elle se multiplie et se diversifie sous mille formes nouvelles, et dans mille proportions inégales et graduées, cet amour allumé à son premier foyer, le sein de la mère; foyer dont chacun emporte et rapporte une parcelle au groupe commun dont il fait partie. Les rapports entre ces différents membres du groupe humain s'étendent, se diversifient, se combinent à l'infini de l'un à l'autre, d'un seul à tous, de tous à un. C'est ce qu'on appelle la parenté : parenté du sang, parenté de l'âme, qui se resserre ou se relâche à mesure que chacun de ces rejetons de la famille porte dans ses veines ce sang plus rapproché ou plus éloigné de sa source, et qu'il conserve aussi plus ou moins de cet amour qui coule dans son cœur avec cette séve de l'arbre humain. Ainsi il y a l'amour parallèle du père pour la mère, de la mère pour le père, l'amour descendant du père et de la mère pour le premier-né, l'amour remontant du premier-né au père et à la mère, l'amour rayonnant du frère au frère, de la sœur à la mère, au père, au frère, des oncles et des tantes aux neveux et aux nièces, des neveux et des nièces aux oncles et aux tantes, du petit-enfant à l'aïeule et de l'aïeule aux petits-enfants, jusqu'à la dernière génération, que la brièveté de la vie ou sa longévité nous permet d'atteindre de l'œil, du cœur ou de la pensée ; enfin, l'amour répercuté, attiédi, mais conservant encore une sympathique réciprocité et une douce chaleur entre les enfants de ces frères, et de ces sœurs, de ces petits-enfants, tant que la séve, le nom et la mémoire de la racine commune se perpétuent dans les rameaux. L'esprit de famille se forme de ces rejaillissements à l'infini, de toutes ces affinités directes ou indirectes de cœur à cœur, qui vont se refroidissant à mesure qu'elles divergent des trois premiers cœurs, mais qui gardent, même à la circonférence la plus éloignée, un peu de la température du premier foyer.

Le même sang puisé à la même veine, le même lait sucé à la même mamelle, le même nom dont chacun porte la responsabilité (modeste ou illustre, peu importe), mais solidaire, nom qui ne peut se ternir ou se glorifier dans un seul sans se glorifier ou se ternir un peu dans tous; la même fortune qui fait vivre largement ou étroitement toute la race du domaine séculaire de la maison, par l'héritage aggloméré ou subdivisé, selon le petit nombre ou le grand nombre des enfants; la même maison paternelle à la ville ou aux champs, dont le toit a caché tous ces berceaux pendant l'enfance de la famille, et dont l'ombre nous suit jusqu'aux derniers jours de la vie; les mêmes traditions, ce ciment des idées qui tient ensemble les piétés, les habitudes, les mœurs, les sentiments innés du groupe héréditaire; enfin les mêmes souvenirs des leçons, des entretiens, des travaux, des voisinages, des amitiés, des plaisirs, des hospitalités, de l'aisance, de la gêne, du bonheur, des larmes, des naissances, des morts, des espérances, tristes ou doux mystères du même foyer, tout cela compose, même à notre insu, autour de nos cœurs, une atmosphère d'impressions ineffaçables qui nous pénètre par tous nos sens moraux comme par tous nos sens corporels, atmosphère à laquelle il est impossible d'échapper, qui n'a pas la rigidité froide d'une législation sans doute, mais qui a la toute-puissance de la nature.

C'est ce qui fit que, dans les temps primitifs où tout était inné et rien écrit, dans les sociétés naissantes où les lois n'étaient que les inspirations de nos instincts, le souverain n'était que le père, la tribu n'était que la famille, la nation n'était que la fraternité du sang dans une collection de tribus. On a pu détrôner le patriarche, on a pu réduire bien au delà du juste l'autorité paternelle, on a pu détruire la tribu et l'absorber dans l'État; mais on ne détruira jamais la famille, elle subsistera éternellement comme l'heureuse protestation de la nature contre l'absorption de l'État, elle subsistera avec la propriété héréditaire, sa base divine, contre le communisme, cette révolte impuissante de l'utopie contre l'instinct.

VI

On conçoit qu'un groupe d'êtres si distincts et si intimement liés les uns aux autres au milieu du grand groupe national doit avoir non-seulement ses lois, ses mœurs, ses sentiments, ses devoirs, ses relations à part, mais même sa littérature. C'est cette littérature que nous avons appelée en commençant la *littérature domestique ou familière*, genre dont madame de Sévigné est la plus complète et la plus admirable expression.

Cette littérature est de sa nature toute confidentielle. La maison est murée comme la vie privée. On n'y parle ou l'on n'y écrit qu'à demi-voix, pour être lu ou entendu au coin du feu des parents et des proches. Les bruits de la maison ne se répandent pas sur la place publique. Ce qu'on publie pour le monde a un accent, ce qu'on confie aux siens en a un autre. On écrit pour le public ou pour la postérité des poëmes, des histoires, des philosophies, des harangues, des romans, des livres; on n'écrit pour la famille que des lettres. La famille n'a donc, comme l'amitié ou l'amour, qu'un seul genre de littérature : la correspondance. Quand la correspondance a le génie de l'agrément, comme l'a eu celle de madame de Sévigné, la famille, après la mort, laisse une à une envoler les feuilles mystérieuses; le siècle les recueille, tous les siècles les lisent, et le dialogue à voix basse entre une mère et sa fille devient l'entretien de la postérité. Voilà l'histoire de madame de Sévigné. En décachetant ses lettres, on a enlevé le sceau de son cœur qui a été brisé par cette indiscrétion, c'est le sceau du siècle où elle a vécu.

Cette femme, du fond de sa masure des Rochers, est l'écho d'un règne. C'est ce qui fait que la correspondance de madame de Sévigné, quelque intime qu'elle soit, est cependant essentiellement historique ; c'est ce qui fait aussi que ce livre, écrit par une femme qui écoutait aux portes d'une cour, est très-aristocratique ; que, pour s'y complaire, il faut être né ou avoir vécu dans les régions élevées de la société élégante auxquelles ces lettres font de perpétuelles allusions, allusions qu'on ne goûterait pas si on n'en savait pas un peu la langue, les demi-mots et les mystères ; c'est ce qui fait enfin que ce livre, quoique éminemment national, ne sera jamais populaire. Si madame de

Sévigné, au lieu d'être une femme de haute naissance écrivant pour des courtisans, n'eût été qu'une tendre mère vivant dans les conditions communes de l'existence et écrivant pour une famille d'un étage plus bas dans la vie, son livre, plus accessible, plus intelligible et plus sympathique à toutes les classes qui ont une âme, ne serait pas seulement les délices du monde raffiné, il serait le manuel de toutes les familles, le diapason du cœur humain.

VII

Qu'on nous pardonne un souvenir d'enfant qui tient à ce récit. Nous avons appris à lire dans ce livre ; une mère, élevée dans les élégances d'esprit d'une cour, et reléguée après sa jeunesse par la modicité de sa fortune dans une retraite rurale semblable aux Rochers de madame de Sévigné, trouvait dans cette femme, outre les analogies d'esprit et de cœur, tous les souvenirs du monde aristocratique qu'elle avait fréquenté, tous les recueillements de la solitude champêtre qu'elle habitait avec ses enfants, et tous les épanchements pieux de son cœur de mère qui couvait un nid contre les vents de la vie. Ce livre, ouvert, fermé, rouvert à toutes les pages, était sans cesse sur la tablette de pierre fruste de la cheminée. Quand nous avions bien mérité du jour par nos leçons bien apprises sous les arbres du jardin et bien récitées sur les genoux maternels, on nous récompensait en nous lisant quelques lettres choisies et appropriées à nos années celles surtout où la mère parle à sa fille de ses bois, de son allée, de son chien, de ses rossignols, de sa piété, de ses méditations religieuses au coucher du soleil sur la terrasse de Livry, de son oncle, l'obligeant abbé de Coulanges, de ses amis et de ses voisins venant la distraire de ses plantations ou de ses rêveries du soir. Nous connaissions les sentiers des Rochers et les parterres de Livry comme ceux de notre petit domaine paternel. Ces lieux et ces impressions faisaient corps avec nos pensées de dix ans. Nous voyions notre mère dans cette mère ; nous nous voyions nous-mêmes dans ces enfants.

Depuis, le livre m'était tombé des mains. Il y avait assez de tendresse pour tous les âges, il n'y avait plus assez de passion pour ma jeunesse.

VIII

Enfin, un jour, le hasard d'une chasse égarée dans les forêts de la haute Bourgogne me conduisit au revers d'une colline boisée, d'où se découvrait à travers les feuilles jaunies et les brumes transparentes de l'automne une large vallée au-dessous de moi. Des prairies en formaient le bassin, une rivière de quelques pas de largeur, traversée à gué par des troupeaux de vaches blanches et de bœufs roux, y serpentait sous une double haie de

grands saules. Le vent de l'eau, en retournant
les feuilles, les faisait miroiter comme des lames d'argent. Cette rivière sans cours et sans
murmure semblait sortir au midi de l'ombre
d'une vaste étendue de bois, comme un égouttement de la brume sur les innombrables rameaux; du côté du nord, elle étincelait au soleil couchant aussi loin que l'œil pouvait la
suivre entre d'autres falaises boisées qui s'entr'ouvraient pour lui laisser passage. Excepté
le bassin herbeux de la vallée, tout était forêt
continue à l'horizon; un ciel bas et opaque pesait sur la contrée; le silence n'était interrompu
de loin en loin que par le mugissement répercuté de quelque vache qui appelait son petit
aventuré sur les berges fangeuses de la rivière
et par la cognée des bûcherons qui dépeçaient
çà et là de grands chênes abattus sur la lisière
des bois et qui en entassaient les bûches écorcées en piles rouges comme le sang au bord

de la rivière. Une fumée de feu de charbonnier s'élevait d'une clairière à quelque distance et montait en spirale lourde et bleuâtre vers les nuages, comme l'haleine d'un feu trop mouillé de rosée.

C'était la saison et l'heure où les brouillards humides qui sortent des bois rampent sur l'herbe, montent, descendent au plus léger mouvement de l'air, se déchirent, se recomposent, s'éclaircissent de nouveau à un rayon de soleil, et, par leurs ondulations convulsives, semblables à celles des grandes vagues, imitent tout d'une mer tempêtueuse, excepté son bruit.

Tout à coup, au-dessus de ce lit mouvant des brumes, je vis transpercer et surgir, comme une coque de navire en perdition, une tour noire, au faîte de laquelle une volée de corneilles s'ébattait en jetant des cris; deux autres tourelles sortirent peu à peu de l'ombre éclaircie, comme si on les avait dépouillées lambeau par lambeau de leur linceul de brume qui retombait à leurs pieds; puis le toit rouge d'un haut et large donjon carré; puis la longue façade grise d'un château démantelé, percé irrégulièrement de fenêtres hautes ou basses, où le lierre des fossés se cramponnait par touffes aux grillages de fer. Les parapets éboulés de ces fossés trempaient par brèches dans l'eau stagnante qui servait d'abreuvoir aux bœufs et aux poulains; le pont-levis, dont les chaînes brisées et inutiles pendaient comme deux branches de gibet au-dessus de la porte, était remplacé par une chaussée en pierre. Des charrettes dételées et des gerbes éparses en jonchaient le sol. Une paysanne en sabots jetait du grain aux poules sur les marches d'une porte en ogive, dont les écussons mutilés par le marteau de la révolution populaire ressemblaient à un stigmate blanc de boulet sur un mur de rempart. Une seule cheminée fumait en tourbillons d'une fumée noire et épaisse de fagots sur tout le vaste édifice. Les fenêtres, au lieu de réverbérer le soleil couchant sur des vitres, dégorgeaient par toutes leurs ouvertures ou leurs lucarnes la paille et le foin de la dernière récolte. Des batteurs en grange faisaient entendre le bruit cadencé de leurs fléaux dans la grande salle des gardes. On voyait que le château était devenu une ferme; mais par une vicissitude assez ordinaire à ces édifices des siècles passés, trop vastes pour leur possesseur actuel, la ferme était devenue château.

A quelques centaines de pas de l'édifice principal, une maisonnette adossée à des écuries et à des granges, semblable à un cottage anglais des bois de Richmond ou de Windsor, éclatait de jeunesse, de propreté, d'élégance, au milieu d'une pelouse enceinte de barrières peintes à l'huile et entrelacées de roses tardives et de jasmins odorants. Les fenêtres à grandes vitres de cristal éblouissaient les yeux de la réverbération des derniers rayons du jour; la fumée imperceptible de bois sec en sortait de plusieurs cheminées en fonte, comme pour inviter les hôtes; des palefreniers en vestes jaunes y promenaient des chevaux scellés sur des allées de sable devant la porte; des maîtres ou des visiteurs apparaissaient et disparaissaient sur le seuil; tout y annonçait la vie, le mouvement, l'opulence d'un foyer d'automne habité par une famille hospitalière.

J'ignorais tout, le château, la ferme, le cottage, les maîtres anciens, les maîtres nouveaux, et jusqu'au nom de la vallée où la voix des meutes sur la piste du chevreuil m'avait emporté.

IX

Pendant que je contemplais, immobile, cette contrée inconnue et cette ruine sans nom pour moi, j'entendis galoper un cheval sur ma trace, et je fus rejoint par un ami, un de mes compagnons de chasse, M. de Capmas. Il habitait depuis plusieurs années la petite ville de Semur, capitale pittoresque de ces forêts, de ces rochers et de ces torrents : homme déjà mûr, mais toujours jeune, que sa passion pour la chasse et son aimable cordialité avaient rendu familier et cher à tous les foyers de la haute

Bourgogne. Il aimait les vers et la littérature autant que la voix des chiens dans les forêts et le galop des chevaux sous les voûtes de feuilles ; cette analogie de goûts nous avait naturellement liés. Il fut depuis un de mes compagnons de tente dans les déserts de la Mésopotamie et aux rochers de la Palestine. Hélas! il n'habite plus ici-bas que dans ma mémoire; mais il est un de ces absents dont on fait toujours commémoration et dont le souvenir sourit jusque dans la mort !

« Savez-vous où nous sommes ? me dit-il avec l'accent d'interrogation fine et suspendue d'un homme qui aime à causer une surprise agréable.

» — Non, lui dis-je, mais c'est un des plus moroses paysages et une des plus mélancoliques ruines que j'aie jamais rencontrées, dans nos chasses.

» — Je le crois bien ! reprit-il, mais cette vallée et ce château vous donneraient bien plus d'émotion aux yeux et au cœur si vous en saviez le nom et si je vous disais de qui ces ruines furent le berceau?

» — Où sommes-nous donc? lui dis-je.

» — A Bourbilly, me répondit-il, château de madame de Sévigné! »

A ce nom, le paysage, indifférent et mort tout à l'heure, s'illumina soudain pour moi comme si on avait allumé un phare sur toutes les collines du morne horizon; je crus voir les ondes paresseuses et les flaques d'eau extravasée du Serin dans les prairies réfléchir l'image de cette enfant aux cheveux blonds, devenue l'enfant chérie de son siècle; je crus entendre son nom murmuré par la rivière, par les feuilles, par les échos des vieux murs, et jusque par les cris des corneilles effarées autour des créneaux du donjon. Puissance d'un nom qui vit et qui fait revivre toute la contrée morte à laquelle il a été une fois identifié!

X

Toutes les pages du livre, chéri de ma mère et depuis longtemps fermé, se rouvrirent et se répandirent en intarissables émotions de souvenir ; mais aucune page ne valait pour moi celle que le hasard venait d'écrire et de peindre dans cette vallée sous mes yeux.

Un autre hasard servit mieux encore ma piété historique pour cette mémoire qui se confondait dans mon cœur avec celle de ma mère. Le propriétaire actuel du château et des bois de Bourbilly était un ami de mon compagnon de chasse. Il nous reçut en hôte cordial, heureux de secouer la poussière du monument dont son culte pour madame de Sévigné l'avait rendu possesseur, et de nous conduire pas à pas sur toutes les traces que cette famille, devenue par le génie la famille de tout le monde, avait laissées dans ces sillons, dans ces allées, dans ces salles et sur ces écussons, sur ces toiles enfumées suspendues aux murs du château. Nous passâmes deux jours et deux nuits dans ce pèlerinage de souvenirs et de sentiment. L'histoire de madame de Sévigné partait de là à l'âge de dix ans et revenait là dans sa vieillesse; c'était le cycle de sa vie, il n'y avait qu'à regarder et à lire pour revivre avec elle toute cette vie.

XI

C'était là en effet qu'elle était née, ou du moins qu'elle avait été allaitée et bercée au printemps de l'année 1626, époque où sa mère, qui l'avait mise au monde pendant un séjour à Paris, la rapporta dans ce nid de famille; c'est là que ses yeux s'étaient ouverts à la lumière, qu'elle avait essayé ses premiers pas sur ces dalles, balbutié les premiers mots sous ces voûtes, reçu, pendant les années où l'âme émane des lieux, les premières impressions de cette nature, joué dans ces prairies comme le chevreuil de ces forêts, et respiré, avec cet air élastique et toujours frissonnant de la haute Bourgogne, cette vigueur de santé et cette impressionnabilité des sens qui donnèrent à son teint ces *roses* célèbres, et à son âme ce perpétuel frisson de sensibilité, prélude du génie quand il n'est pas le prélude de la passion.

J'étudiais avec complaisance les analogies mystérieuses de ce paysage serein sur un horizon grave avec l'esprit de cette femme mobile dont le sourire éclate sur un fond caché de mélancolie. Qui ne connaît pas le site ne connaît pas la plante, disent les Persans; l'homme est plante jusqu'à un certain âge de la vie, et l'âme a ses racines dans le sol, dans l'air et dans le ciel qui ont formé les sens.

XII

Le père de madame de Sévigné, gentilhomme de haute naissance du Charolais, transplanté dans la haute Bourgogne, était fils de Christophe de Rabutin, baron de Chantal, dont il possédait le fief, près d'Autun, et seigneur de Bourbilly, terre près de Semur.

Christophe de Rabutin avait épousé mademoiselle de Chantal, fille d'un président au parlement de Dijon. A la mort de son mari, tué à la chasse à l'âge de trente-six ans, sa veuve, éprise d'une vénération mystique pour saint François de Sales, gentilhomme de Savoie et évêque de Genève, abandonna la maison de son beau-père infirme et ses enfants pour suivre comme une Madeleine les conseils de la perfection chrétienne la plus raffinée en désertant les devoirs de la commune. Elle cessa d'être mère selon la nature pour devenir mère selon la grâce d'un ordre monastique de femmes connues sous le nom de sœurs de la Visitation. Saint François de Sales, homme dont la candeur ne cherchait pas la vertu hors de la nature, détourna longtemps sa prosélyte d'une obsession qui l'édifiait, mais qui lui était importune. La baronne de Chantal s'obstina ; elle passa sur le corps de son fils qui s'était jeté sur le seuil de la porte pour l'empêcher de sortir de sa maison et d'entrer dans un monastère ; elle s'attacha au saint, elle entretint avec lui une correspondance spirituelle ; elle fut fondatrice ; elle devint sainte. C'est sous ce titre que son ordre la vénère aujourd'hui. Ses religieuses en ont fait leur patronne; mais elle n'est ni celle des mères ni celle des orphelins.

XIII

Ce fils, dont la baronne de Chantal avait franchi le corps pour quitter le monde, fut le père de madame de Sévigné. Il épousa Marie de Coulanges, fille d'un conseiller d'État. Remarqué à la cour par son esprit, à la guerre par sa bravoure, dans quelques duels du temps par sa main prompte à l'épée, il mourut sur le champ de bataille contre les Anglais, à la Rochelle. Grégorio Léti, l'historien de ce temps, dit que M. de Chantal tomba sous l'épée de

Cromwell lui-même. Trois chevaux tués sous lui et vingt-sept coups de lance sur le corps attestent son héroïsme.

Sa veuve lui survécut peu. Leur enfant n'avait que six ans à sa mort. Cette enfant, Marie de Rabutin-Chantal, qui devait être un jour le prodige des mères, ne connut ainsi aucune des tendresses de mère; elle inventa la passion maternelle à elle seule. Son aïeule, la baronne de Chantal, tout absorbée dans la fondation de ses quatre-vingts monastères, relégua sa petite-fille orpheline aux soins de sa famille maternelle. On lui donna pour tuteur le vieil abbé de Coulanges, son oncle, qui possédait le prieuré de Livry, près de Paris. Cet oncle devint un père pour l'orpheline. On ignore comment ce vieux abbé, régulier sans rudesse, tendre sans faiblesse, éleva cette enfant sans mère; mais, à quinze ans, une jeune fille accomplie en beauté, en grâce, en instruction sérieuse et en talents précoces, sortit de la solitude de Livry et éblouit, dès sa première apparition, le monde.

XIV

Ce qu'on appelait le monde alors, c'était la place Royale à Paris, quartier aristocratique, renfermant entre quatre rangs d'arcades ténébreuses une place plantée de quelques tilleuls. Mais ce quartier était habité par l'élite de la noblesse et de la littérature françaises. C'était le vestibule des Tuileries, le portique de la cour. Pour aller aux honneurs, à la considération, à la renommée, à la gloire, on passait par là. Il y a des pavés qui anoblissent. L'orgueil, la vanité, la prééminence de race ou de profession, sont si inhérents à la nature humaine, qu'on se fait un privilége d'une arcade ou d'une fenêtre sur la rue comme d'un trône dans un palais.

La famille de Coulanges la présenta à la cour. Son portrait écrit par madame de la Fayette, les exclamations échappées à tous ses contemporains illustres, tels que Ménage, Chapelain, Bussy-Rabutin, et les nombreux portraits peints par les meilleurs artistes de son époque expliquent l'attention unanime qui se fixa sur cette jeune fille. Elle fut enveloppée d'enthousiasme et d'amour; son premier pas dans le monde trouva l'accueil dans tous les yeux; cet accueil qu'elle devait à son visage ouvrit son âme à la sérénité. C'est le privilége de la beauté d'éclore ainsi au milieu de la douce chaleur qu'elle inspire, de la ressentir elle-même et de commencer la vie par la reconnaissance. Ce premier regard du public est un miroir où la vie sourit ou se fronce aux yeux d'une jeune femme, et la prédispose pour jamais à se féliciter ou à s'attrister de l'existence. C'est la physionomie de sa destinée qui lui apparaît en un coup d'œil. Tout, dans cette physionomie du monde où elle entrait, fut caressant pour la belle orpheline. Elle sentit que la nature l'avait créée pour être l'heureuse favorite, non d'un roi, mais d'un temps. Elle aima en retour, dès la première heure, ce monde qui l'aimait.

« Je ne veux pas vous écraser de louanges, lui écrivit à son début madame de la Fayette, dont l'esprit et le style faisaient autorité dans cette société aristocratique et lettrée du dix-septième siècle ; je ne veux pas m'amuser à vous dire que votre taille est admirable, que votre teint a une fleur..., que votre bouche, vos dents, vos cheveux sont incomparables... Votre miroir vous le dit mieux ; mais, comme vous ne parlez pas devant votre miroir, il ne peut vous dire ce que vous êtes quand vous parlez... Sachez donc, si par hasard vous l'ignorez encore, que votre esprit pare et embellit tellement votre beauté, qu'il n'y en a point sur la terre d'aussi enivrante, lorsque vous êtes animée dans une conversation sans contrainte. Tout ce que vous dites vous sied si bien, que l'éclat de votre esprit en ajoute à votre teint et à vos yeux ; et, quoiqu'il semble que l'esprit n'impressionne que les oreilles, il est pourtant certain que le vôtre éblouit par votre physionomie même les yeux... Quand on vous écoute, on cède à la beauté du monde la plus achevée!... »

XV

Le pinceau de Mignard, plusieurs années après ce portrait écrit, nous rend ses beaux cheveux blonds foncés, ondés sur le front comme de petites vagues écumantes au souffle de l'inspiration, et surmontés d'une branche de citronnier en fleur; l'ovale déprimé des joues vers la bouche par la mélancolie, puis légèrement renflé pour donner de la solidité après la délicatesse au menton; un front dont la douce convexité fait glisser la lumière

comme une transparence de la pensée; des
tempes qui palpitent, des yeux bleus qui rêvent en regardant, des paupières fines, plissées, veinées d'azur et d'albâtre, qui voilent
à demi le globe de l'œil ; un nez grec et effilé
à son confluent avec le front, fortement noué
à l'extrémité par le muscle relevé entre les
ailes roses des narines ; des lèvres qui se reposent l'une contre l'autre d'avoir souri, et
qui reprennent peu à peu l'inflexion de la
gravité habituelle; une peau à petits grains
où courent mille frissons visibles; cette fleur
printanière de teint qu'elle avait apportée de
ses montagnes natales et qui ne se flétrit
jamais, au récit de ses contemporains, même
sous les années et sous les larmes ; une physionomie si mobile et si fugitive qu'on peut lui
prêter autant d'expressions qu'il y a de nuances dans les sentiments d'une âme féminine;
enfin un buste digne de porter cette tête,

large aux épaules, fuyant aux bras, libre au sein, svelte à la ceinture, propre à donner à l'attitude ou à la démarche cette dignité, ce mouvement, cette cadence des pas qui rendent la taille d'une femme, quand elle se lève, inexprimable en mesures et en nombres, mais qui font qu'elle remplit à vos yeux l'espace et qu'elle s'agrandit jusqu'au ciel. C'est ce prestige de l'atmosphère, qui rend dans ses portraits madame de Sévigné plus grande que nature. On sent que le peintre, ébloui comme un amant, a voulu répandre autour de cette figure une atmosphère, et qu'il ne peint pas des contours bornés, mais une impression infinie, éparse et invisible autour de la beauté !

XVI

Telle était à dix-huit ans, et telle après quarante ans, cette physionomie où l'éblouissement du premier moment se changeait en attrait et en éternelle mémoire dans tous ceux qui la voyaient, ne fût-ce qu'une heure.

Il n'y eut qu'un cri à la cour sur la merveille de la maison de Coulanges. Cette faveur du monde n'altéra pas la modestie de la jeune fille. Elle avait contracté dans la solitude de son adolescence à Livry, dans la lecture des livres grave, dans la société des philosophes jansénistes, voisins et amis de son oncle, une réflexion précoce, une piété solide, des goûts d'esprit, des excercices d'études qui la rendaient plus apte à devenir une seconde Héloïse chez Fulbert, qu'une favorite évaporée de cour. Son nom, sa grâce, sa fortune de trois cent mille francs, dot considérable pour le temps, son titre de fille unique, qui permettait aux aspirants à sa main de ne devoir son cœur qu'à sa préférence, la firent rechercher pour épouse par les fils des plus hautes maisons de Paris. Elle leur préféra un jeune gentilhomme breton, Henri de Sévigné ou de Sévigny, parent et protégé du cardinal de Retz.

L'abbé de Coulanges, quoique de mœurs sévères, était lié de subordination et de déférence avec ce coadjuteur de Paris. Étourdi, débauché et factieux, le cardinal de Retz, flottant entre la petite intrigue, la grande ambition et la licencieuse volupté de son temps, était l'Alcibiade mitré de la Fronde. On ne pouvait s'empêcher de l'aimer en le méprisant, comme un enfant à qui la fortune avait donné pour amusement le peuple, le parlement, la cour et l'Église, et qui n'avait fait de tout cela qu'un jouet. Un reste de popularité attaché à son nom par la Fronde, et un reste de respect attaché à son titre ecclésiastique par l'Église, lui laissaient alors une certaine considération dans le monde; son esprit charmant et léger couvrait les inconséquences de son caractère; on croyait à sa fortune, même après qu'il l'eut dissipée. L'abbé de Coulanges espérait bien d'un jeune militaire protégé par un futur archevêque de Paris. Le cardinal de Retz avait assez de génie pour s'élever un jour au rang de Richelieu et de Mazarin, s'il n'avait pas dévoré d'avance sa haute fortune dans les petites factions. Mademoiselle de Chantal ne vit dans le marquis Henri de Sévigné qu'une charmante figure, une bravoure romanesque, une élégance martiale, un nom apparenté à la cour et un attrait pour elle qu'elle inspirait à toute la jeunesse du temps et qu'elle ne ressentait que pour lui seul. Mais ces grâces du marquis de Sévigné cachaient, sinon des vices, au moins des légèretés d'âme, de mœurs et de caractère qui ne pouvaient se fixer à rien, pas même au bonheur. Le premier pas de cette jeune femme si digne de la constance d'un mari la jeta dans le piége d'un amour ardent en elle, léger et fugitif dans M. de Sévigné.

« Il aimait partout, dit Bussy dans ses mémoires, et il n'aima jamais rien d'aussi aimable que sa femme. Il l'estimait sans l'aimer; elle, sans pouvoir l'estimer, ne put jamais cesser de l'aimer. »

XVII

Ce mariage la lança dans un nouveau monde. Les factions, décapitées par la hache du cardinal de Richelieu, avaient renoué après lui leurs tronçons sanglants et étaient ressuscitées en guerres civiles. Richelieu avait semé la vengeance avec le sang. C'est la suite naturelle de toute terreur. On fait honneur à ses exécutions d'avoir éteint les factions dans les supplices; c'est lui qui les rendit plus implacables et plus nationales en les désespérant. Les princes, les nobles, le parlement, le peuple, se jetèrent dans les rébellions armées et dans les séditions civiles pour échapper aux échafauds ou à la tyrannie dont ce Sylla en robe de pourpre les avait épouvantés.

Mazarin, mille fois plus politique parce qu'il était plus pacificateur et plus humain, paraît moins colossal aux yeux du vulgaire, parce que la politique fait moins de bruit que la terreur, et que le vulgaire comprend mieux la violence que la sagesse; mais, c'est aux yeux du philosophe et de l'homme d'État, c'est Mazarin qui fut le grand ministre, c'est Richelieu qui fut le grand vengeur. La constance d'Anne d'Autriche dans son attachement à ce conseiller de sa régence, la dictature qu'elle lui donna dans son gouvernement comme dans son cœur, l'habileté tour à tour ferme et souple de cet Italien, neutre dans nos partis, mais nécessaire pour les neutraliser tous; l'art avec

lequel il les balança l'un par l'autre, et finit,
après les avoir, non vaincus, mais lassés, par
les ramener tous d'eux-mêmes, repentants,
soumis et obéissants, aux pieds d'un roi de
quatorze ans, est le chef-d'œuvre de l'art de
gouverner les hommes. C'est précisément parce
que ce chef-d'œuvre de diplomatie, d'intelligence,
d'obstination vers le but, de négociation,
de tempéraments, de fermeté et de
patience, est trop compliqué qu'il n'est pas
compris; mais il le sera. Le nom de Mazarin
dominera le siècle de Louis XIV; car c'est lui
qui a fait le roi, c'est lui qui a fait le règne.
Et quand il mourut à Vincennes dans son lit,
les rênes de l'empire encore dans la main, il
remit la France à ce pupille de son génie
comme un père remet à son fils son compte
de tutelle. Les factions étaient liquidées,
les factieux étaient devenus des courtisans,
et ce compte de tutelle se soldait par le

4.

royaume de France. Malheur au peuple qui estime Richelieu et qui ne comprend pas Mazarin !

XVIII

Quoi qu'il en soit, à l'époque où madame de Sévigné entrait dans le monde, Mazarin, qui régnait encore, avait si bien pacifié l'empire, que toutes les factions civiles féodales ou parlementaires étaient devenues de simples factions d'esprit, de littérature ou de goût. Le génie littéraire du siècle naissait de la sécurité générale. Les esprits s'étaient fécondés dans la licence, et produisaient avec une autorité modérée. C'est une loi de l'esprit humain : le génie des lettres éclôt à la suite des longues interruptions de la pensée par les révolutions ou par la guerre. Les secousses civiles donnent des répercussions, des exercices, des impatiences d'idées à l'imagination des peuples. Après les convulsions démocratiques d'Athènes, le siècle de Périclès ; après les proscriptions de Rome et le meurtre inutile de César, le siècle d'Auguste ; après les déchirements des républiques italiennes, le siècle des Médicis ; après la Ligue et la Fronde, ces guerres féodales de la France, le siècle de Louis XIV ; enfin, de nos jours, après les convulsions de la liberté, les bouleversements de l'Europe et de la restauration, salutaire à la littérature, des Bourbons, une renaissance intellectuelle dans toute l'Europe : renaissance courte comme cette restauration, mais qui laissera de grands noms à la postérité !

XIX

Voyons comment naissait ce siècle littéraire de Louis XIV, et où tant de gloire avait son berceau.

Les hommes et les femmes déjà nés ou près de mourir qui composaient, depuis le commencement du siècle, cette élite de l'esprit humain, étaient Malherbe, Corneille, Voiture, le premier Balzac, Ménage, Saint-Évremond, Sarrazin, Chapelain, Pélisson, Pascal, Bossuet, Molière, la Fontaine, Fénelon, Boileau, Racine,

Fléchier, Bourdaloue, la Rochefoucauld, la Bruyère, Chaulieu, madame de la Fayette, la marquise de Sablé, la duchesse de Longueville, madame de Cornuel, et enfin madame de Sévigné elle-même, bien jeune alors, attirée par l'éclat de ce qui commençait à briller autour d'elle, et ne se doutant pas que son nom, perdu dans la foule, survivrait un jour à plusieurs d'entre ces noms.

Une jeune femme d'origine italienne, de la maison florentine des Savelli, parents des Médicis, alliés de nos rois, avait apporté en France le goût, le sentiment, les délicatesses et même les raffinements de la poésie italienne. C'était madame de Rambouillet, femme du marquis de Rambouillet, grand seigneur, ambassadeur et courtisan. Madame de Rambouillet, mariée à seize ans, jeune et belle encore, avait une fille de quinze ans dont elle paraissait être la sœur. La mère avait inspiré à la fille cette passion de la poésie de, l'imagination et des lettres qu'elle avait respirée elle-même avec l'air de l'Arno et des collines de Toscane. Cette fille se nommait Julie d'Angennes, nom encadré depuis dans des guirlandes de vers. La mémoire de ces deux femmes était embaumée des stances du Tasse, de l'Arioste, des tercets du Dante, des sonnets de Pétrarque. Elles cherchaient à prolonger de ce côté des Alpes, dans une langue jusque-là incomplète, les échos de ces divins poëtes, échos eux-mêmes de ceux du siècle d'Auguste. Une analogie de goûts, de nobles loisirs, de lectures et de conversations littéraires, réunissait chez elles tous les hommes et toutes les femmes de la cour et de la ville qui tenaient la cour de l'esprit français à l'hôtel de Rambouillet, sur la place de Carrousel, à côté de ce palais où Louis XIV tenait la cour de la politique, de l'ambition et de la faveur. La maison de madame de

Rambouillet était l'académie *des délicats et des curieux;* c'est ainsi qu'on appelait alors tous ceux qui, sans faire profession du métier des lettres, formaient pour ainsi dire le public ou le parterre exquis des poëtes, des prosateurs et des académiciens officiels de leur temps. Il y a eu sans cesse et jusqu'à nos jours, à Paris, comme il y avait à Athènes, à Florence, de ces maisons de goût, présidées par des femmes supérieures en esprit ou en grâces, où le monde et les lettres se rencontrent pour se féconder mutuellement.

XX

Là, dans la noble émulation des plaisirs de l'esprit et dans l'aimable égalité du culte des choses intellectuelles, tous ceux qui les aiment se confondent avec ceux qui les cultivent. Attirés les uns par le besoin d'être loués, les autres par le plaisir d'admirer, quelques-uns par la vanité de juger, ils forment le foyer précurseur du grand foyer du siècle, l'avant-goût du public, le vestibule de la gloire. Ainsi, Lucrèce Borgia tant calomniée, à Rome; Éléonore d'Est, à Ferrare; Vittoria Colonna, à Naples; madame de Rambouillet, à Paris, pendant la minorité de Louis XIV; madame de Maintenon, dans la vieillesse de ce roi; madame du Deffant et madame Geoffrin, sous Louis XV; madame la duchesse d'Anville, sous Louis XVI; madame de Staël, dans son exil sous l'Empire; madame de Montcalm, madame la duchesse de Broglie, madame de Sainte-Aulaire, madame de Duras, sous la Restauration; madame Récamier, sous le Directoire; puis sous trois règnes et jusqu'à nos jours, d'autres que l'amitié nous interdit de nommer; cette dynastie élective des femmes supérieures qui groupent autour d'elles les supériorités de leur époque par la seule attaction de leur mérite et de leur accueil, se perpétue de siècle en siècle. Elle ne s'interrompt qu'aux époques des grandes convulsions civiles et aux époques plus abjectes où la frénésie de l'or, possédant pour un moment le monde, relègue dans le silence et dans l'ombre toutes les nobles passions de l'esprit.

Ces temps sont courts comme les éclipses de lumière dans le ciel, comme les éclipses de la pensée sur la terre. On n'en compte que trois en France : la régence du duc d'Orléans après le règne de Louis XIV ; le Directoire après la terreur de 1793, et le temps présent, qui se hâte de jouir dans la crainte d'être surpris entre deux spéculations par les écroulements qui ont secoué le monde.

XXI

Madame de Sévigné, introduite par son mari dans le salon de madame de Rambouillet, y apportait tout ce qui pouvait la séduire elle-même en y séduisant cette société : une jeunesse qui répandait la fraîcheur du matin et la vie sur tout; une beauté qui rayonnait involontairement, sans la prétention d'éblouir ou d'éclipser autour d'elle; une instruction supérieure à son âge et à son sexe, puisée dans la solitude studieuse de Livry; une teinture des langues mortes, suffisante pour goûter Homère et Virgile; une mémoire ornée de tous les chefs-d'œuvre de l'Arioste et du Tasse; un goût prématuré qui, sans lui ôter l'enthousiasme, lui donnait de bonne heure le discernement, cette expérience de l'esprit.

Tant de charmes et tant d'âme la rendirent en peu de temps, dans cette société, l'objet d'une admiration générale : amitié dans les femmes, protection dans les vieillards, passion dans les jeunes hommes.

XXII

La licence des mœurs, encouragée par la publicité des amours du roi et par les traditions encore vivantes de la Fronde, où les princesses étaient les embaucheuses des factions; l'exemple même du marquis de Sévigné, mari indifférent et amant volage, autorisaient la jeune femme à ces liaisons qui ne scandalisaient plus le temps. Son amour obstiné pour son mari l'en défendit autant que sa vertu. Son nom retentit dans les vers des poëtes, jamais dans les chuchotements de la chronique amoureuse de cette cour. Elle ne vit dans les accents passionnés de ses adorateurs que des jeux d'esprit qui flattaient ses oreilles sans aller jusqu'à son cœur. Elle resta, sans ostentation et sans morgue, pure au milieu de cette corruption. Tous les poëtes de son temps attestent ce désintéressement des passions, si naturel en elle, qu'on l'accusait de froideur.

Cette pureté fut une rare exception de son siècle; mais elle fut inaltérable, sans être austère. Elle semblait demander grâce plutôt qu'hommage pour sa vertu; elle joua avec les passions qu'elle inspirait, sans s'en laisser effleurer, et, de tant d'idolâtries qui brûlaient l'encens à ses pieds, elle ne respira que la fumée.

XXIII

La Fontaine, Montreuil, Ménage, Segrais, Saint-Pavin, Benserade, Racan, la célébraient à l'envi. Le premier lui adressa cette épigramme amoureuse, à propos d'un jeu de société où elle avait paru avec un bandeau sur les yeux :

> De toutes les façons vous avez l'art de plaire ;
> Sous mille aspects divers vous charmez tour à tour.
> Voyant vos yeux bandés, on vous prend pour l'amour !
> Les voyant découverts, on vous prend pour sa mère !

Le comte du Lude et le comte de Bussy-Rabutin, les deux hommes les plus séduisants de la cour, affichaient pour elle une adoration dont elle était flattée, mais que son amour pour son mari découragea de toute espérance. Le comte de Lude, caractère noble et généreux, l'en estima davantage. Bussy-Rabutin, qui était son cousin, ne lui pardonna jamais son indifférence. Possédé de tous les genres de vanité qui dépravaient en lui tous les genres de mérite, son amour dédaigné se changea en haine sourde, mais implacable. De courtisan public de sa cousine, il se fit pamphlétaire anonyme dans son *Histoire amoureuse des Gaules,* et il s'efforça honteusement de ternir sa vertu dont il n'avait pu triompher.

XXIV

Madame de Sévigné n'aspirait, au milieu de cette atmosphère d'adoration, qu'à se recueillir, avec le mari qu'elle aimait, dans l'isolement d'une vie paisible, à la campagne, loin des vanités et des séductions de Paris. Elle parvint, au printemps de 1645, à entraîner le marquis de Sévigné dans une de ses terres de Bretagne, aux environs de Vitré.

Cette terre, depuis longtemps négligée, s'appelait les Rochers. Ce vieux château fut le gîte de son court bonheur, comme le donjon de Bourbilly avait été celui de son berceau. Cette demeure lui rappelait Bourbilly. Ses murs et ses jardins délabrés attestaient la longue absence de ses possesseurs. Son horizon bornait les désirs et les pensées comme les yeux. Le château s'élevait sur une éminence de sol, au pied de laquelle murmurait une petite rivière cherchant sa pente entre les blocs de granit verdis d'arbustes. L'ombre dormante des châtaigniers, des chênes et des hêtres noircissait les rares clairières; des haies de houx et d'épines encadraient les champs cultivés et les pelouses tachées des fleurs jaunes des genêts; des landes immenses, bornées au loin par la brume, s'éclairaient çà et là d'une nappe d'étang ou d'un rejaillissement de soleil; la mélancolie de la terre s'y communiquait à l'âme. Quelques vestiges d'une antique magnificence marquaient cependant la maison d'un signe de vétusté et de noblesse. De longues avenues, plantées de vieux arbres sur les bords et pavées de gros blocs de pierre fruste, y aboutissaient du côté qui regarde Vitré. La maison était et elle est encore composée d'un donjon peut exhaussé, flanqué de deux larges tours dont les corniches sont bordées de têtes de monstres sculpées grossièrement dans la pierre. Une troisième tour contient l'escalier en limaçon éclairé par des fentes dans les murs massifs qu'un jour oblique traverse d'étage en étage. De vastes salles nues, voûtées ou plafonnées de noires solives, reçurent les jeunes époux. Ils y vécurent plusieurs années, dans une retraite occupée, pour madame de Sévigné, des soucis de sa tendresse, et, pour son mari, des soins de sa fortune à rétablir et des distinctions que sa province natale offrait à un gentilhomme déjà promu aux grades élevés de l'armée.

Au moïs de mars 1647, elle accoucha aux Rochers d'un fils, héritier du cœur et de l'esprit de sa mère, et qui, s'il ne fut pas la passion, fut du moins l'amusement et la consolation de sa vie. L'année suivante lui donna une fille qui fut depuis madame de Grignan et que sa mère a immortalisée de sa tendresse. M. de Sévigné, que la dernière guerre de la Fronde avait rappelé à l'armée, l'attirait à Paris. Elle y revint avec ses deux enfants au moment où la régente Anne d'Autriche y entrait triomphante avec le jeune roi, sous la protection de Mazarin.

XXV

Les guerres civiles avaient porté jusque dans les villes la licence soldatesque des camps. Le marquis de Sévigné s'attacha à une beauté célèbre dont l'existence rappelait à Paris les grandes courtisanes historiques d'Athènes ou de Rome ; profession admise à des conditions de honte dans les civilisations païennes, mais incompatible avec les mœurs chrétiennes qui allaient devenir si austères peu de temps après. Cette exception avouée à la décence publique dans deux courtisanes presque contemporaines, Marion Delorme et Ninon de Lenclos, ne peut s'expliquer que par deux considérations historiques : l'introduction de la licence italienne à la cour par les Médicis et leur cortége, et la dépravation de l'aristocratie française par la licence militaire transportée des champs de bataille dans la capitale.

Ninon était fille d'un gentilhomme de Touraine nommé Lenclos. Sa beauté précoce, perfectionnée par les soins d'un père dépravé qui ne lui enseigna pour toute vertu que l'art de séduire, l'introduisit à Paris dans les cercles les plus élégants de la noblesse. Comme musicienne et comme danseuse, elle s'y donna en spectacle dès son enfance. Son esprit sans contrainte, ses passions sans constance, sa philosophie sans frein, la firent rechercher tour à tour par les gentilshommes les plus débauchés de l'époque; elle ne se vendit point, mais elle se donna à plusieurs, perdant insolemment toute pudeur pour conserver sa liberté. Cette noblesse de licence et cette réserve de sa probité dans le vice la firent admettre dans les sociétés légères d'hommes lettrés, et même de femmes peu scrupuleuses qui recherchaient la beauté et l'esprit plus que la vertu. Elle fréquentait assidûment la maison du poëte Scarron, centre alors de littérature triviale; la jeune et belle orpheline de la maison d'Aubigné, devenue l'épouse de Scarron, était son amie. A la mort de Scarron, cette étrange amitié subsistait encore ; et l'histoire se confond d'étonnement en voyant la jeune veuve, pieuse, irréprochable, qui devait entrer, si peu d'années après, dans la couche de Louis XIV, partager le logement, la société, et quelquefois le lit de la courtisane Ninon.

XXVI

Le comte de Bussy-Rabutin, pour détacher le cœur de sa cousine de son mari et devenir son consolateur et son séducteur, instruisit madame de Sévigné de la passion de M. de Sévigné pour Ninon. La douleur de la vertueuse épouse brisa son cœur, mais ne l'amollit pas aux séductions de Bussy ; elle lui ferma sa porte avec indignation, et feignit d'ignorer l'infidélité de son mari.

« Sévigné, disent les mémoires du temps,

n'est point un honnête homme; il ruine sa femme, qui est une des plus agréables de Paris. »

Pour sauver les débris de la fortune de sa nièce et l'avenir de ses enfants, l'abbé de Coulanges la contraignit à se séparer de biens; mais, en prenant cette précaution, elle cautionna son mari pour une somme énorme, égale aux dettes qu'il avait alors. Elle se retira seule aux Rochers avec ses enfants, laissant le marquis de Sévigné à la liberté de ses désordres.

Il s'était attaché à une autre beauté célèbre, rivale de Ninon, nommée madame de Gondran, et d'un nom plus familier, Lolo. Le chevalier d'Albret, cadet de la maison de Miossens, lui disputa sa conquête. Sévigné triompha à force de prodigalités et de passion. Cette rivalité fit du bruit dans Paris; on prévit un duel, on écrivit prématurément à madame de Sévigné aux Rochers que son mari avait été blessé par son rival. Elle lui adressa une lettre de douleur, de désespoir et de pardon. Le bruit était anticipé, le duel avait été ajourné. Sévigné reçut ainsi en tendres reproches les derniers adieux de celle qu'il trahissait pour un caprice. Le jour était pris du combat. Il fut courtois et chevaleresque ; les deux combattants s'expliquèrent et s'embrassèrent avant de tirer l'épée, pour satisfaire à ce qu'un usage barbare appelait en France l'honneur. Sévigné reçut le coup mortel ; il expira à vingt-sept ans, dans la fleur de sa vie.

Sa femme, qui pardonnait tout à son âge, à sa légèreté, aux habitudes du temps, faillit mourir de douleur en apprenant sa catastrophe; elle accourut à Paris pour s'entourer de ses chers vestiges. Il ne lui restait de son mari que les preuves de son ingratitude. Pour conserver à ses enfants le portrait et les cheveux de celui qu'elle avait tant aimé, elle fut obligée de les demander à madame de Gondran, cette Lolo, cause de sa perte. Madame de Gondran lui remit ses cheveux et ce portrait, cruelles consolations ; en sorte que cette malheureuse veuve ne put jamais depuis regarder l'image de celui qu'elle adorait sans se retracer en même temps son abandon et son ingratitude !

Cette douleur fut si violente et si obstinée, que madame de Sévigné ne put jamais apercevoir de loin, dans les cercles ou dans les promenades, le chevalier d'Albret ou un des témoins du duel sans tomber en défaillance.

Sévigné avait été son premier amour, il devait être le dernier. De ce jour elle jeta un linceul sur son cœur et l'ensevelit, pour ainsi dire, tout jeune et tout vivant avec les cendres de son mari.

XXVII

Une autre passion possédait déjà toute l'âme de madame de Sévigné : c'était celle de ses enfants, et surtout de sa fille. Elle renonça pour jamais à l'idée d'un second mariage, qui lui aurait donné un autre père. La pensée que ses deux chers fruits de son seul amour pourraient avoir, dans les enfants d'un autre lit, des rivaux de tendresse de son cœur lui faisait horreur. Elle se dévoua entièrement à leur bonheur, à leur fortune, à leur éducation. La femme n'exista plus en elle; il n'y eut plus que la mère.

« J'ai effacé de ma mémoire toutes les dates de ma vie, écrit-elle dans sa vieillesse, je ne me souviens que de celle de mon mariage et de celle de mon veuvage. »

Sous la tutelle de son oncle, le serviable abbé de Coulanges, elle s'occupa, pendant de longues années, à relever les ruines de sa modique fortune des dissipations de son mari, et à administrer Bourbilly et les Rochers. Elle passait une partie de l'année avec l'abbé de Coulanges dans ces terres, le reste à Paris ou à Livry, séjour chéri de sa jeunesse. Elle avait relâché ses liens avec le monde sans les rompre; elle prévoyait que son fils aurait besoin de patrons à la cour, et sa fille de mari sortable à sa naissance; elle cultivait pour ses enfants les amitiés qui pouvaient rejaillir en crédit et en faveur sur eux. Sa solide raison l'éloignait des partis extrêmes; elle ne se croyait pas le droit de disposer de son sort tant que celui de son fils et de sa fille ne serait pas fixé. Elle restait mondaine par devoir et aimable par vertu; elle l'était aussi par inclination naturelle. Accueillie dans le monde par un enthousiasme universel, regrettée avec passion dès qu'elle s'en absentait, elle jouissait d'autant plus de cette faveur de la cour et des salons, qu'elle ne leur apportait qu'un cœur libre et qu'elle ne leur demandait que des amitiés.

C'est l'époque où elle se fit le plus d'amis parmi les hommes célèbres et parmi les femmes remarquables de ce siècle fécond en noms devenus illustres. On trouverait sur les adresses de ses lettres le catalogue de toutes les hautes vertus de son temps : le prince de Condé, le duc de Rohan, le comte du Lude, toujours épris, quoique toujours écarté, Ménage, Marigny, le cardinal de Retz, Montmorency,

Brissac, Bellièvre, Montrésor, Châteaubriand, de Chaulnes, Caumartin, d'Hacqueville, Corbinelli, les Arnauld, pères du jansénisme; Pascal, leur apôtre; d'Humières, d'Argenteuil, Bussy, sans cesse amoureux, sans cesse importun, souvent perfide par ressentiment; Sablonière; l'Écossais Montrose, le martyr héroïque de son roi proscrit; la duchesse de Longueville, l'âme decouragée de la Fronde, éteinte malgré son souffle qui l'attisait toujours, la duchesse de Lesdiguières, la duchesse de Montbazon, la princesse Palatine, pour laquelle Cinq-Mars était mort sur l'échafaud; madame Henriette de Coulanges, sœur de l'abbé; madame de Lavardin, madame de Maintenon, mademoiselle de la Vallière, madame de Montespan, mademoiselle de Lavergne, Henriette d'Angennes, devenue comtesse d'Olonne, célèbre alors par sa beauté, depuis par ses scandales; madame de la Fayette, l'amie du grand duc de la Rochefoucauld, l'auteur des *Maximes*; la Rochefoucauld lui-même, ce juge difficile et souverain des mérites et des grâces; de Wardes, Turenne, Bossuet, Corneille, Fénelon, Racine, Molière, la Fontaine, Boileau, apparaissant ou disparaissant tour à tour sur l'horison du grand siècle. Voilà cette société de la vie entière de madame de Sévigné; voilà les amis, les corressespondants, ou les sujets de son long commerce épistolaire. Si son temps, revivant dans ses lettres, doit beaucoup à l'intérêt que son style sait y répandre, on ne peut nier que ces lettres ne doivent beaucoup à l'intérêt du temps.

Plusieurs de ces hommes, encore jeunes et déjà illustres, s'efforçaient d'effacer dans le cœur de la belle veuve le souvenir de son mari; le prince le Conti et le surintendant général des finances, le tout-puissant Fouquet, l'obsédaient de leur culte. Fouquet est le seul qui paraît avoir effleuré son cœur. Jeune, beau, respectueux dans les formes, audacieux dans les pensées, disposant en maître aussi absolu que Richelieu ou Mazarin des trésors de la France, tenant dans ses mains les rênes du royaume, assez puissant pour inspirer des ombrages fondés au jeune roi, assez téméraire pour affecter la rivalité avec le roi lui-même en amour, Fouquet s'était déclaré hautement l'adorateur de madame de Sévigné. Elle avait été, sinon touchée, au moins reconnaissante d'un hommage qui effaçait par tant d'éclat tous les autres. Être la pensée dominante d'un homme vers lequel se tournaient alors toutes les pensées de l'amour ou de l'ambition des femmes de cette cour, faisait pardonner par madame de Sévigné au surintendant du royaume la témérité de ses hommages secrets et publics. C'est la seule circonstance dans son long veuvage où l'on aperçoive une impression de réciprocité pour les sentiments tendres qu'elle inspirait sans les encourager, et encore ce fut le malheur seul de Fouquet qui fit transpercer au dehors ce sentiment contenu dans l'âme de madame de Sévigné. Si elle aima une fois, cet amour ne se révéla que par des larmes sur les infortunes de celui qu'elle n'avouait que pour ami.

XXVIII

Le coup qui frappa l'ambitieux ministre fut longtemps invisible sur sa tête; la dissimulation nécessaire aux rois, enseignée dans ses derniers avis, sur son lit de mort, par Mazarin à Louis XIV, prépara tout avec lenteur et mystère pour que la chute n'eût pas de contre-coup capable d'ébranler son trône. Colbert, esprit probe, sûr, servile, ingrat et envieux, fut son seul confident. Déjà, pendant les derniers mois de la vie de Mazarin, Colbert, quoiques créature de Fouquet et confident de ce surintendant des finances, avait dénoncé, dans une lettre secrète à Mazarin, les malversations ou les manœuvres de chiffres à l'aide desquelles Fouquet dissimulait dans ses comptes le véritable état du trésor. Cette dénonciation de Colbert avait éveillé l'attention de Mazarin; sa mort avait prévenu la vérification du crime. Louis XIV, informé par Mazarin, soupçonnait Fouquet de dilapidation, sans oser l'en convaincre. Les besoins urgents du trésor public le forçaient à ne pas scruter trop avant la conduite de son surintendant, dont l'habile agiotage lui fournissait seul, au premier moment de son règne, les ressources nécessaires à l'administration du royaume et au luxe de la cour. Mais Louis XIV soupçonnait plus que la probité de Fouquet, il suspectait sa fidélité politique; il le croyait capable de rêver de nouvelles factions suscitées contre son maître pour s'emparer sans rival des affaires et pour devenir un nouveau Richelieu sous un second Louis XIII, ou un chef de factieux contre une cour dont il ne serait plus le premier ministre. Tout indique que ces soupçons étaient fondés, et que, s'il n'y avait pas encore assez d'indices pour frapper, il y avait assez d'ombres dans la conduite de Fouquet pour se prémunir. Tout justifie Louis XIV d'avoir prévenu le coup par le coup. Les femmes et les poëtes salariés par le surintendant ont pleuré sur sa disgrâce; mais les juges et les hommes d'État ont absous le roi de sa prétendue ingratitude. Fouquet ne dissimulait déjà plus des richesses et des somptuosités dont la source était trop intarisable pour être pure; il achetait par des dons, des pensions, des libéralités royales, les femmes et les hommes qui pouvaient ou combattre ou assurer sa domination dans l'intimité et jusque dans les amours de son maître; il se faisait un parti tout prêt à devenir une faction dans l'État.

Les cassettes trouvées après son emprisonnement dans sa maison de Vaux renfermaient le tarif de ses corruptions et la solde de sa coupable popularité. Maître de plusieurs places fortes du royaume, on le voyait encore fortifier Belle-Isle, sur la côte de Bretagne, et s'assurer un point d'appui solide ou une retraite inexpugnable pour ses desseins. Il avait eu l'audace de tenter même, par l'ambition, le cœur d'Anne d'Autriche, mère du jeune roi, et de lui proposer une ligne pour dominer ensemble le conseil. Il marchandait aussi avec le cardinal de Retz le prix de sa démision de l'archevêché de Paris, pour s'emparer du clergé comme il s'emparait de la cour. Sa place de procureur général du parlement de Paris, qu'il avait eu la précaution de conserver, lui assurait le privilége de n'être jugé que par le parlement, dont il se ménageait la faveur toujours séditieuse. Pour le frapper, il fallait le tromper et l'amener à renoncer, par l'appât d'une faveur plus haute, à sa place dans le parlement. Le roi y réussit en le comblant d'espérances et en lui faisant envisager ses fonctions subalternes comme incompatibles avec celles qu'il lui destinait. Il fallait, de plus, attendre pour sévir contre lui qu'il eût fait rentrer dans le trésor public, à une époque encore éloignée, les millions nécessaires aux services publics, que son agiotage seul y faisait affluer. Une circonstance hâta le dénoûment, mais sans être la véritable cause.

Un jour que Louis XIV avait accepté une fête du surintendant en son honneur au château de Vaux, le jeune roi, en parcourant les appartements secrets de cette magnifique demeure, aperçut dans un cabinet de tableaux le portrait de mademoiselle de la Vallière, objet de sa première passion publique. Fouquet avait eu l'audace de l'aimer et la témérité de la faire peindre. Le roi, indigné de cette profanation de ses amours, se retira le ressentiment dans le cœur ; mais il n'éclata pas encore. Sa mère fit avertir Fouquet par la duchesse de Chevreuse de se défier de la feinte sécurité qui l'entourait. Le roi redoubla de faveur et de fausse confiance pour détourner son ministre de ces pressentiments. Fouquet, tremblant de trop croire à son empire ou de trop s'en défier, flottait entre la pensée de se réfugier en Italie ou de s'enfermer dans Belle-Isle.

Il partit pour Nantes dans cette perplexité. C'était là, hors de Paris et loin du parlement, que le roi avait résolu de l'atteindre. A peine Fouquet était-il parti, que Louis XIV, se défiant lui-même de tous les instruments de son autorité peut-être vendus secrètement à Fouquet, appela un officier obscur de sa garde et lui donna l'ordre d'arrêter le surintendant à son arrivée à Nantes. L'officier partit avec dix cavaliers sûrs, devança le ministre à Nantes et le ramena prisonnier à Paris. Ses papiers saisis, portés chez le roi et scrutés par lui seul, livrèrent à Louis XIV le secret des trames, des amours, des ambitions de Fouquet. On dit que le nom de madame de Sévigné se trouva parmi les noms des femmes qu'il comptait au nombre de ses amies, et sur lesquelles il se réservait de répandre les faveurs de sa prédilection et de sa toute-puissance. On attribua à cette découverte, dont madame de Sévigné était parfaitement innocente, la froideur que Louis XIV témoigna constamment à madame de Sévigné, la femme la plus éminente de son siècle. Louis XIV ne pardonnait jamais volontiers deux torts aux hommes et aux femmes de son entourage : le tort d'avoir trempé dans la Fronde et le tort d'une trop éclatante supériorité d'esprit. Tout éclat qui ne servait pas à relever le sien l'offusquait. Il aimait le talent, mais à condition de l'enchâsser comme un ornement dans sa couronne. L'adulation était à ses yeux la première condition du génie.

XXIX

Madame de Sévigné avait l'esprit courtisan, mais elle n'avait pas le cœur servile. L'infortune de Fouquet ne fit que raviver son inclination et sa reconnaissance pour lui. Elle ne sacrifia rien de son attendrissement et de sa pitié à sa complaisance d'opinion pour le roi. Elle témoigna aux disgrâces du surintendant un intérêt si tendre et si hardi qu'il s'éleva jusqu'au murmure et jusqu'à l'opposition contre ses persécuteurs. Elle fit partie de cette faction de la fidélité et du malheur qui suivit Fouquet jusque devant ses juges et jusqu'à son cachot perpétuel. C'est la chaleur de ce sentiment qui fit éclater, pour la première fois, son ardeur épistolaire dans sa correspondance de tous les jours avec les amis de son ami. Son amitié lui révéla son talent : tout, même la renommée, devait avoir une source pure dans ce cœur né pour les sentiments doux. Ceux qu'elle exprime pour Fouquet ont un accent qu'on ne retrouve nulle part ailleurs dans ses lettres : c'est l'accent d'une pitié si tendre pour l'infortune, qu'on peut le confondre avec l'accent d'un amour contenu.

XXX

Louis XIV n'en était pas encore arrivé à cette possession hardie de despotisme qui lui permit, plus tard, tant de proscriptions sans jugement. Il fit juger le surintendant, non par des juges indépendants, mais au moins par des commissaires réputés libres. Le procès fut long, difficile, plein de retours, de révélations, d'espérances et de terreurs tour à tour. Madame de Sévigné en suivit les phases avec l'anxiété d'une amie qui ne désavoue rien de son attachement pour un accusé et qui l'encourage de l'œil et du cœur devant ses juges. Les cassettes trouvées chez le surintendant avaient révélé une correspondance intime, mais innocente, entre la femme gracieuse et le ministre bienveillant. Cette découverte, qui révélait tant de secrètes intelligences et qui faisait trembler tant de coupables, émut, sans la déconcerter, madame de Sévigné. Elle brava avec la sécurité d'une bonne conscience le murmure public qui s'éleva contre elle à la lecture de ces lettres.

« Il n'y a rien de plus vrai, écrit-elle à M. de Pomponne, membre de cette famille pieuse des Arnauld, voisin et ami de son oncle l'abbé de Coulanges ; et il n'y a rien de plus vrai que l'amitié se réchauffe quand on est dans les mêmes intérêts ; vous m'écrivez si obligeamment là-dessus, que je ne puis y répondre plus juste qu'en vous assurant que je suis dans les mêmes sentiments pour vous que vous avez pour moi ; mais que dites-vous de tout ce qu'on a trouvé dans ces cassettes ? Auriez-vous jamais cru que mes pauvres lettres se trouvassent placées si mystérieusement ? Je vous assure, quelque gloire que j'en puisse tirer par ceux qui me rendront justice, de n'avoir jamais eu avec *lui* d'autre commerce que celui-là. Je ne laisse pas d'être sensiblement touché de me voir obligée de me justifier, et peut-être fort inutilement à l'égard de mille personnes qui ne comprendront jamais cette vérité. Je pense que vous comprenez bien la douleur que cela fait à un cœur comme le mien ; je vous conjure de dire sur cela ce que vous savez ; je ne puis avoir trop d'amis en cette occasion ; j'attends avec impatience M. votre frère (l'abbé Arnauld d'Andilly) pour me consoler un peu avec lui de cette étrange aventure. Cependant je ne cesse pas de souhaiter de tout mon cœur du soulagement aux malheureux, et je vous demande toujours la consolation de votre amitié. »

« Remerciez mademoiselle de Scudéry, écrit-elle quelques jours après à Ménage, de rester si courageusement fidèle à son amitié pour Fouquet, et de me défendre contre les insinuations calomnieuses à ce sujet. Je voudrais de tout mon cœur que l'on pût oublier le surintendant lui-même. »

Dans les lettres qu'elle écrit plus tard de sa retraite des Rochers aux Arnauld, exilés pour la cause de Fouquet, elle n'appelle jamais l'accusé que *notre cher ami*. Elle sait que ces lettres seront décachetées par les ennemis de Fouquet, et elle les brave; elle verse des larmes courageuses sur son sort; elle suit de l'œil et de l'oreille son attitude et ses réponses dans les interrogatoires; elle écrit à M. de Pomponne :

« Notre cher et malheureux ami a parlé deux heures ce matin, mais si admirablement bien,

que plusieurs n'ont pu s'empêcher de l'admirer. M. Renard a dit, entre autres : « Il faut
» avouer que cet homme est incomparable; il
» n'a jamais si bien parlé dans le parlement, il
» se possède mieux qu'il n'a jamais fait. » C'était
sur les six millions et sur ses dépenses ; il n'y
a rien de comparable à ce qu'il a dit là-dessus.
Je vous écrirai jeudi ou vendredi. Dieu veuille
que ma dernière lettre vous apprenne ce que je
souhaite le plus ardemment ! Priez notre solitaire (Arnauld) de prier Dieu pour notre pauvre ami.

» Notre cher ami est encore allé sur la sellette.
L'abbé d'Effiat l'a salué en passant; il lui rendit son salut avec cette mine riante et fixe
que nous connaissons. L'abbé d'Effiat a été si
saisi de tendresse qu'il n'en pouvait plus.

» Cela durera encore toute la semaine prochaine, c'est-à-dire qu'entre ci et là ce n'est
pas vivre que la vie que nous passons. Pour

moi, je ne suis pas connaissable, et je ne crois pas que je puisse aller jusque-là...

» Au fond de mon cœur, j'ai un petit brin d'espérance ; je ne sais d'où il vient, ni où il va, et même il n'est pas assez grand pour que je puisse dormir en repos... Je ne puis voir que les gens avec qui j'en puis parler, et qui sont dans les mêmes sentiments que moi. Elle (madame du Plessis) espère comme je fais, sans en savoir la raison. Mais pourquoi espérez-vous ? Parce que j'espère. Voilà nos réponses ; ne sont-elles pas bien raisonnables ? Si nous avions un arrêt tel que nous le souhaitons, le comble de ma joie serait de vous envoyer un homme à cheval à toute bride, qui vous apprendrait cette agréable nouvelle, et le plaisir d'imaginer celui que je vous ferais rendrait le mien entièrement complet. »

Plus loin elle écrit :

« Je ne saurais dire ce que je ferai si cela

n'est pas; je ne comprends pas moi-même ce que je deviendrai. »

Elle relève avec orgueil tout ce qui est digne, elle blâme tendrement tout ce qui est imprudent dans les paroles de l'accusé. Elle déplore quelques impatiences de Fouquet contre ses juges.

« Cette manière n'est pas bonne, dit-elle aux Arnauld; il se corrigera; mais, en vérité, la patience échappe, et il me semble que je ferais tout comme lui. »

Elle revient à Paris au moment où le sort de son ami va se décider, elle s'absorbe dans cette seule pensée, elle se nourrit de ses espérances et de ses craintes, elle veut l'entrevoir une dernière fois quand il va comparaître devant le tribunal, elle se déguise, elle couvre son visage d'un masque, en usage alors, pour cacher la pâleur et le frisson de ses traits.

« Ses *jambes tremblent*, son *cœur bat* si vite à son apparition, dit-elle, qu'elle est prête à tomber en défaillance : je ne crois pas qu'il m'ait reconnue, écrit-elle le soir, mais je vous avoue que j'ai été extrêmement saisie quand je l'ai vu entrer par cette petite porte; si vous saviez combien on est malheureux quand on a le cœur fait comme le mien, vous auriez pitié de moi. J'ai été voir madame de Guénégaud, notre chère voisine; nous avons bien parlé du cher ami; elle a vu *Sapho* (mademoiselle de Scudéry), qui lui a donné du courage; pour moi, j'irai demain en reprendre chez cette amie, car je sens que j'ai besoin de réconfort; ce n'est pas que l'on ne dise mille choses qui doivent faire espérer, mais, mon Dieu! j'ai l'imagination si vive que tout ce qui est incertain me fait mourir ! »

Puis, s'indignant jusqu'à la révolte contre le gouvernement :

« L'émotion est grande, dit-elle, mais la dureté l'est encore plus ! »

Elle sollicite elle-même le rapporteur du procès, d'Ormesson, comme dans une cause personnelle.

XXXI

« *Fouquet est un homme dangereux!* » dit le roi, à son lever, quelques jours avant le jugement.

Ce mot était un arrêt; cependant madame de Sévigné s'obstinait à ne pas désespérer de la justice ou de la miséricorde des hommes.

« Tout le monde, écrit-elle, s'intéresse dans cette grande affaire; on ne parle pas d'autre chose; on raisonne, on tire des conséquences, on compte sur ses doigts les opinions, on s'attendrit, on craint, on souhaite, on hait, on admire, on est triste, on est accablé; enfin, mon pauvre monsieur, c'est une chose extraordinaire que l'état où l'on est présentement. C'est une chose divine que la résignation et la fermeté de notre cher malheureux! Il sait tous les jours ce qui se passe, et il faudrait faire des volumes à sa louange. »

Qui ne reconnaîtrait dans cet accent celui d'un sentiment supérieur à la passion pour la justice et à l'attendrissement même de l'amitié? Fouquet avait dans madame de Sévigné moins qu'une amante, plus qu'une amie, une providence invisible attachée aux mêmes chaînes que lui et prête à vivre de la même vie ou à mourir de la même mort.

Le 19 décembre 1664, au soir, elle écrit :

« Louez Dieu, monsieur, et le remerciez! Notre pauvre ami est sauvé. Je suis si aise que je suis hors de moi...

» Je mourrais de peur qu'un autre que moi vous eût donné le plaisir d'apprendre la bonne nouvelle. De longtemps je ne serai remise de la joie que j'eus hier. »

Lorsque madame de Sévigné apprit que le roi avait aggravé la sentence d'exil en prison perpétuelle à Pignerol, elle écrit :

« Mais non, ce n'est point de si haut que cela vient. De telles vengeances rudes et basses ne sauraient partir d'un cœur comme celui de notre maître. On se sert de son nom, et on le profane comme vous voyez. Je vous manderai la suite. »

Le mardi, 23, elle écrit sur un autre ton :

« On espère toujours des adoucissements, je les espère aussi ; l'espérance m'a trop bien servie pour l'abandonner. Ce n'est pas que, toutes les fois qu'à nos ballets je regarde notre maître, ces deux vers du Tasse ne me reviennent à la tête :

> Goffredo ascolta, e in rigida sembianza
> Porge più di timor che di speranza.

Cependant je me garde bien de me décourager. Il faut suivre l'exemple de notre pauvre prisonnier : il est gai et tranquille, soyons-le aussi. »

XXXII

Ainsi, malgré l'arrêt de Louis XIV, la conscience des juges sauva la tête de Fouquet. Il fut donc condamné à l'exil perpétuel. Le roi trouva la peine douce et la liberté de Fouquet trop dangereuse, même hors du royaume : il interpréta despotiquement l'arrêt et le changea de sa pleine autorité en une prison perpétuelle dans la forteresse de Pignerol. Tout le monde l'oublia, excepté madame de Sévigné. Il y mourut lentement pendant une captivité au secret de quinze ans, sans qu'un écho de ce monde qu'il avait rempli de son nom perçat jamais les murs de sa prison. A la rigueur du châtiment, on jugea de la terreur que ce ministre ambitieux avait inspirée à son maître. Le seul sentiment tendre que madame de Sévigné ait éprouvé dans sa vie, après son veuvage, fut enseveli pour jamais dans le cachot de son ami. Son cœur, desormais vide de toute tendresse de femme, se reporta tout entier sur ses enfants. Elle ne reçut plus les contre-coups du monde que pour les transmettre avec les émotions de sa sensibilité oisive à sa fille et à ses amis, comme un spectateur désintéréssé du drame humain, qui regarde de l'amphithéâtre la scène du monde et qui la raconte à voix basse au dehors et à ceux qu'il veut faire participer à ses impressions.

A dater de ce jour, tout le règne de Louis XIV vient se répercuter dans la conversation écrite d'une femme ; sa correspondance devient à son insu le chuchotement de l'histoire dans la coulisse du grand siècle. C'est l'heure aussi où son style sort tout nu et tout chaud de son cœur, et où la nature à son insu devient talent. Disons-en un mot.

XXXIII

Buffon a dit : *Le style est l'homme*. Buffon a dit dans ce mot ce que le style devrait être bien plutôt que ce qu'il est ; car bien souvent, le style est l'écrivain plus qu'il n'est l'homme. L'art s'interpose entre l'écrivain et ce qu'il écrit ; ce n'est plus l'homme que vous voyez, c'est le talent. Le chef-d'œuvre des véritables grands écrivains, c'est d'anéantir en eux le talent et de n'exprimer que l'homme ; mais, pour cela, il faut que la sensibilité soit plus accomplie en eux que l'art, c'est-à-dire, il faut qu'ils soient plus grands hommes encore par le cœur que par le style. Combien y a-t-il de livres par siècle, et même dans tous les siècles, qui portent ce caractère et qui vous donnent de l'âme une impression plus vivante que du génie? Trois ou quatre. Le livre masque presque toujours l'auteur. Pourquoi? Parce que le livre est une œuvre d'art et de volonté, où l'auteur se propose un but et où il se montre, non ce qu'il est, mais ce qu'il veut paraître. Ce n'est pas dans les livres qu'il faut chercher le véritable style: il n'est pas là. Je me trompe: il est là, mais c'est dans les livres que l'homme a écrits sans penser qu'il faisait un livre, c'est-à-dire dans ses lettres; les lettres, c'est le style à nu; les livres, c'est le style habillé. Les vêtements violent les formes; en style comme en sculpture, il n'y a de beau que la nudité. La nature a fait la chair, l'homme a fait l'étoffe et la draperie. Voulez-vous voir le chef-d'œuvre, dépouillez la statue:

cela est aussi vrai de l'esprit que du corps. Ce que nous aimons le mieux des grands écrivains, ce ne sont pas leurs ouvrages, c'est eux-mêmes ; les œuvres où ils ont mis le plus d'eux-mêmes sont donc pour nous les meilleurs. Qui ne préfère mille fois une lettre de Cicéron à une de ses harangues ? une lettre de Voltaire à une de ses tragédies ? une lettre de madame de Sévigné à tous les romans de mademoiselle de Scudéry, qu'elle appelait *Sapho* et dont elle regardait d'en bas briller la gloire sans oser élever son ambition si haut ? Ces grands esprits ont eu du talent dans leurs ouvrages prémédités d'artiste, mais ils n'ont eu de véritable style que dans leur correspondance. Pourquoi encore ? Parce que là ils ne pensaient point à en avoir ou à en faire. Ils prenaient comme madame de Sévigné leur sensation sur le fait ; ils n'écrivaient pas, ils causaient ; leur style n'est plus le style, c'est leur pensée même.

XXXIV

De toutes les facultés de l'esprit, la plus indéfinissable, selon nous, c'est le style, et, si nous avions à notre tour à le définir, nous ne le definirions que par son analogie avec quelque chose qui n'a jamais pu être défini, la physionomie humaine. Nous dirions donc :

« LE STYLE EST LA PHYSIONOMIE DE LA PENSÉE. »

Regardez bien un visage et tâchez de vous expliquer à vous-même pourquoi ce visage vous charme, ou vous repousse, ou vous laisse indifférent : le secret de cette indifférence, de ce charme ou de cette répulsion est-il dans tel ou tel trait de ce visage? dans l'ovale plus ou moins régulier du contour? dans la ligne plus ou moins grecque du front? dans le globe plus ou moins enfoncé des yeux? dans leur couleur? dans leur regard? dans le dessin plus ou moins correct des lèvres? dans les nuances plus ou moins vives du teint? Vous ne sauriez le dire, vous ne le saurez jamais; l'impression générale est un mystère, et ce mystère s'appelle physionomie. C'est la contre-épreuve du caractère tout entier sur le front, c'est le résumé vivant et combiné de tous les traits flottants comme une atmosphère de l'âme sur la figure. Tant de nuances concourent à former cette atmosphère qu'il est impossible à l'homme qui la sent de la décomposer; il aime ou il n'aime pas, voilà toute son analyse; le jugement n'est qu'une impression aussi rapide qu'un instinct, et aussi infaillible en nous que l'impression que nous ressentons en plongeant la main dans une eau brûlante, tiède ou froide; nous avons chaud ou nous avons froid à l'âme en regardant cette physionomie, voilà tout ce qu'il nous est permis de conclure.

XXXV

Eh bien, il en est de même du style. Nous sentons s'il nous charme ou s'il nous laisse languissants, s'il nous réchauffe ou s'il nous glace; mais il est composé de tant d'éléments indéfinissables de l'intelligence, de la pensée et du cœur, qu'il est un mystère pour nous comme la physionomie, et qu'en le ressentant dans ses effets il nous est impossible de l'analyser dans ses causes. Les rhéteurs n'ont jamais pu l'enseigner ni le surprendre, pas plus que les chimistes n'ont pu saisir le principe de vie qui fuit sous leurs doigts dans les éléments qu'ils élaborent : on ne sait ce qu'il produit, on ne sait pas ce qu'il est. Et comment le saurait-on ? L'écrivain ne le sait pas lui-même, c'est un don de sa nature comme la couleur de ses cheveux ou comme la sensibilité de son tact. Énumérez seulement quelques-unes des conditions innombrables de ce qu'on nomme style, et jugez s'il est au pouvoir de la rhétorique de créer dans un homme ou dans une femme une telle réunion de qualités diverses : il faut qu'il soit vrai et que le mot se modèle sur l'impression, sans quoi il ment à l'esprit, et l'on sent le comédien de parade au lieu de l'homme qui dit ce qu'il éprouve ; il faut qu'il soit clair, sans quoi la parole passe dans la forme des mots et laisse l'esprit en suspens dans les ténèbres ; il faut qu'il jaillisse, sans quoi l'effort de l'écrivain se fait sentir à l'esprit du lecteur, et la fatigue de l'un se communique à l'autre ; il faut qu'il soit transparent, sans quoi on ne lit pas jusqu'au fond de l'âme ; il faut qu'il soit simple, sans quoi l'esprit a trop d'étonnement et trop de peine à suivre les raffinement de l'expression, et, pendant qu'il admire la phrase, l'impression s'évapore ; il faut qu'il soit coloré, sans quoi il reste terne, quoique juste, et, l'objet n'a que des lignes et point de relief ; il faut qu'il soit imagé, sans quoi l'objet seulement décrit ne se représente dans aucun miroir et ne devient palpable à aucun sens ; il faut qu'il soit sobre, car l'abondance rassasie ; il faut qu'il soit abondant, car l'indigence de l'expression atteste la pauvreté de l'intelligence ; il faut qu'il soit modeste, car l'éclat éblouit ; il faut qu'il soit riche, car le dénûment attriste ; il faut qu'il soit naturel, car l'artifice défigure par ses contorsions la pensée ; il faut qu'il coure, car le mouvement seul entraîne; il faut qu'il soit chaud, car une douce chaleur est la température de l'âme; il faut qu'il soit facile, car tout ce qui est peiné est pénible; il faut qu'il s'élève et qu'il s'abaisse, car tout ce qui est uniforme est fastidieux; il faut qu'il raisonne, car l'homme est raison; il faut qu'il se passionne, car le cœur est passion; il faut qu'il converse, car la lecture est un entretien avec les absents ou avec les morts; il faut qu'il soit personnel et qu'il ait l'empreinte de l'esprit, car un homme ne ressemble pas à un autre; il faut qu'il soit lyrique, car l'âme a des cris comme la voix; il faut qu'il pleure, car la nature humaine a des gémissements et des larmes; il faut... Mais des pages ne suffiraient pas à énumérer tous les éléments dont se compose le style. En langue écrite, nul ne les réunit jamais dans une telle harmonie que madame de Sévigné. Elle n'est pas un écrivain, elle est le style.

XXXVI

Reprenons sa vie. Elle en a fait la lecture à tous ceux qui aimait à se retrouver dans autrui. En l'écoutant vivre, on croit vivre soi-même deux fois. C'est que son livre n'est pas un livre c'est une vie.

Une seule passion avait succédé dans son âme à celle qu'elle avait eue pour son mari; cette passion, c'était sa fille. Jamais femme ne fut aussi mère. Si vous ôtiez cette fille de l'âme et des lettres de madame Sévigné, il n'y resterait qu'un grand vide sans mouvement, sans chaleur et sans écho, où rien ne palpite, pas même un cœur. Par un phénomène d'instinct maternel, qui ressemble presque autant à un miracle de la nature qu'à un prodige d'affection, bien que cette mère eût enfanté cette fille depuis quinze ans, elle semblait porter toujours ce fruit mal détaché de ses entrailles dans ses flancs. Elle continuait à l'envelopper de sa chaleur, à lui donner sa vie, à vivre de la sienne. Elle ne sentait Dieu, la nature, le monde, ses ambitions, ses vanités, ses amitiés même, que dans cette enfant. Entre l'univers et elle, il y avait sa fille; mais, si l'univers avait disparu et que sa fille lui fût restée, elle ne se serait pas aperçue de la disparition de l'univers. Il faut admettre cette espèce de folie de l'instinct maternel dans l'âme de madame de Sévigné pour comprendre cette connexité absolue d'existence et cet anéantissement complet de sa personnalité dans une autre. L'antiquité n'a pas de telles fatalités dans ses fables; il n'y a pas dans l'*Enfer* ou dans le *Paradis* du Dante une telle identification d'un être dans un autre, un tel supplice, un tel bonheur ! tantôt bonheur et tantôt supplice, comme nous allons le voir en la regardant exister !

XXXVII

Après avoir adoré cette fille, son image vivante et même embellie, dans sa retraite pendant ses années d'enfance, madame de Sévigné la produisit enfin au grand jour de Paris et de la cour. S'il lui en coûtait de laisser échapper son trésor de son sein, sa vanité maternelle, la plus sainte des vanités, l'enivrait d'avance de l'ivresse d'admiration que sa fille allait exciter à son apparition sur cette grande scène. Cet orgueil impersonnel ne fut pas trompé, et il ne devait pas l'être : les mémoires et les poésies du temps sont de l'avis de la mère sur les charmes de la fille. Ménage l'appelle LE MIRACLE DE NOS JOURS. Le satiriste Bussy lui-même ne l'appelle jamais que *la plus jolie fille de France*. Elle effaça ce groupe éblouissant de beautés célèbres qui figuraient dans les ballets de Louis XIV, dans les carrousels et dans les fêtes de Fontainebleau. On ne douta pas, à l'envie de ses rivales, que le jeune roi ne fût bientôt ébloui lui-même et qu'elle ne devînt la favorite du règne naissant. Mais, soit que Louis XIV se souvînt trop de ses ressentiments d'enfance contre le nom de Sévigné trop mêlé à la Fronde, soit que mademoiselle de Sévigné, trop adorée par sa mère, se sentît au-dessus de l'adoration d'un roi, soit enfin qu'elle eût plus l'éclat qui produit l'admiration que cet attrait qui produit l'amour, le roi fut poli, mais insensible à tant de charmes. Mademoiselle de Sévigné, qui avait autant d'esprit, mais un autre esprit, que sa mère, sentait elle-même que sa beauté avait plus d'éblouissement que de chaleur.

« Au premier moment, écrit-elle à sa mère, on me croit adorable, et quand on me voit davantage, on ne m'aime plus. »

Madame de Sévigné, qui avait placé toute son ambition en elle, aspirait à lui faire épouser un des grands noms de la cour. La naissance, la beauté, la fortune de sa fille, justifiaient cette espérance. Mais la froideur de la fille et peut-être aussi la défaveur secrète de la mère dans l'esprit du roi écartaient les prétendants.

« La plus jolie fille de France vous fait ses compliments, écrivait-elle à son cousin Bussy; ce nom paraît bien séduisant, je suis pourtant lasse d'en faire les honneurs si longtemps. »

Bussy répond :

« Je reconnais la bizarrerie du destin dans la difficulté de marier la plus jolie fille de France. »

« La plus jolie fille de France, réplique la mère, est plus digne que jamais de vos hommages, et pourtant sa destinée est si difficile à comprendre que, pour moi, je m'y perds. »

L'explication de cette destinée qui humiliait et contristait le cœur de la mère était tout entière dans la crainte que les grandes familles de cour avaient de participer à la défaveur d'une femme qui tenait aux factions politiques éteintes, par sa jeunesse, et aux factions religieuses naissantes, par ses liaisons avec les Arnauld, entachés de jansénisme.

Elle peint ces solitaires avec un charme infini.

« Je revins hier, dit-elle, du Menil, où j'étais allée pour voir le lendemain M. d'Antilly ; je fus six heures avec lui ; j'eus toute la joie que peut donner la conversation d'un homme admirable; je vis aussi mon oncle de Sévigné, mais un moment. Le Port-Royal est une Thébaïde; c'est un paradis, c'est un désert où toute la dévotion du christianisme s'est rangée. C'est une sainteté répandue dans tout le pays à une lieue à la ronde; il y a cinq ou six solitaires qu'on ne connaît point, qui vivent comme les pénitents de saint Jean Climaque; les religieuses sont des anges sur terre. Mademoiselle de Vertus y achève sa vie avec des douleurs inconcevables et une résignation extrême. Tout ce qui les sert, jusqu'aux charretiers, aux bergers, aux ouvriers, tout est modeste. Je vous avoue que j'ai été ravie de voir cette divine solitude, dont j'avais tant ouï parler; c'est un valon affreux, tout propre à inspirer le goût de faire son salut. Je revins coucher au Menil, et hier ici, après avoir embrassé M. d'Andilly en passant. »

Madame de Sévigné crut devoir s'éclipser quelque temps avec sa fille dans sa solitude des Rochers pour laisser passer cette mauvaise étoile et pour faire regretter par Paris celle qu'on n'y apercevait pas assez ; elle se retira en Bretagne, et passa tout un hiver aux Rochers. Cette absence réveilla, en effet, les regrets sur lesquels son dépit avait compté. Elle fut assaillie de phrases et de vers, où ses amis, ses admirateurs et ses poëtes déploraient son éloignement et la rappelaient à ce centre d'esprit et d'agrément obscurci depuis qu'elle en retirait sa lumière. Saint-Savin, dans une épître familière, se fit l'interprète avoué de ces regrets. Il la flattait dans sa passion.

> Votre fille est le seul ouvrage
> Que la nature ait achevé ;
> Dans les autres elle a rêvé.
> Aussi la terre est trop petite
> Pour y trouver qui la mérite...

La mère offensée fut sourde à ces repentirs

de Paris ; elle prolongea jusqu'au printemps son séjour aux Rochers, s'exerçant par la réflexion et par la lecture à se passer du monde. Elle s'y occupait à relever sa fortune pour ses enfants et à embellir sa demeure.

« Je fais planter, dit-elle dans une de ses lettres, une infinité de petits arbres et un labyrinthe d'où on ne sortira pas sans un fils d'ariane. J'ai aussi acheté plusieurs morceaux de terre à qui j'ai dit, suivant ma manière accoutumée : *Je vous fais parc !* de sorte que j'ai étendu mes jardins et mes promenoirs, sans qu'il m'en ait coûté beaucoup. »

XXXVIII

A son retour à Paris, après la courte campagne de Louis XIV en Franche-Comté, elle trouva le roi étalant scandaleusement à Compiègne et à Paris, sans respect pour la jeune reine, ses amours mal éteints avec mademoiselle de la Vallière, madame de Monaco, madame de Montespan, légitimant par des actes publics les enfants qu'il avait de ses favorites, faisant enregistrer, en termes effrontés, au parlement le titre de duchesse qu'il conférait à l'une, enlevant l'autre à son mari, et s'affranchissant des murmures de M. de Montespan en l'exilant au fond de la France; mais la divinité du roi était devenu un dogme si incrusté dans la servilié des courtisans, que les insolences même du roi contre les lois, les mœurs, la religion, le mariage, paraissaient royales, et que, tout en rougissant, la cour adorait.

Bien que madame de Sévigné fût, suivant deux vers italien de Ménage.

Donna bella, gentil, cortesse e saggia,
Di castità, di fede e d'amor tempia,

c'est-à-dire « femme accomplie de beauté, d'amabilité, de vertu, dont l'âme était un sanctuaire de chasteté, de foi et de pur amour! » la corruption de l'exemple tombait de si haut, et le vice se confondait tellement avec la majesté qu'elle ne se montre pas dans ses lettres aussi scandalisée qu'elle était pure. Pendant ces longues années de dépravation publique, elle continue de suivre sa fille dans les fêtes de la cour; seulement elle restreint autour d'elle, comme un rempart contre la licence générale des esprits et des mœurs, un petit concile d'hommes et de femmes qui faisaient, par leur sévérité, exception au temps. Ses amis les plus intimes à cette époque étaient madame de Scudéry, tante de mademoiselle de Scudéry, veuve comme madame de Sévigné à trente ans (elle avait épousé un vieillard qu'elle avait aimé malgré son âge, et elle se refusait, comme madame de Sévigné, à de nouveaux liens); madame de La Fayette, que son attachement au duc de la Rochefoucauld tenait dans l'éloignement de la cour, semblable ainsi à un blâme muet; madame de Guénégaud, parente et voisine des Arnauld, au château de Fresne, près de Livry; enfin les Arnauld eux-mêmes les anciens amis de Fouquet et les patrons de Pascal. Elle passa l'été de 1667 dans cet air sain et vivifiant au château de Fresnes.

« Il faut que je vous dise comme je suis, écrit-elle à M. de Pomponne, membre de cette famille des Arnauld et ambassadeur alors en Suède. J'ai M. d'Andilly à ma main gauche, c'est-à-dire du côté de mon cœur; j'ai madame de la Fayette à ma droite ; madame de Guénégaud devant moi, qui s'amuse à barbouiller de petites images ; un peu plus loin, madame de Motteville (l'auteur des *Mémoires*), qui rêve profondément ; notre oncle de Cessac, que je crains parce que je ne le connais guère ; madame de Caderousse ; mademoiselle sa sœur, qui est un fruit nouveau que vous ne connaissez pas, et mademoiselle de Sévigné sur le tout, allant et venant par le cabinet comme de petits frelons. Je suis assurée que cette compagnie vous plairait comme à moi. »

Ce portrait de famille unissait dans ses personnages le vieux siècle au nouveau Le chef de la famille des Arnauld d'Andilly, âgée à peu près de quatre-vingts ans avait vu Richelieu, Mazarin, les orages et les transformations des derniers règnes ; il écrivait, dans sa verte vieillesse, les mémoires qui ont servi de matériaux à notre histoire.

Madame de Sévigné écrit de Livry, le 29 avril :

« J'ai fait un fort joli voyage. Je partis hier assez matin de Paris ; j'allai dîner à Pomponne, j'y trouvai notre bonhomme (Arnauld) qui m'attendait ; je n'aurais pas voulu manquer à lui dire adieu. Je le trouvai dans une augmentation de sainteté qui m'étonna : plus il approche de la mort, plus il s'épure. Il me gronda très-sérieusement, et transporté de zèle et d'amitié pour moi, il me dit que j'étais folle de ne point songer à me convertir, que j'étais une jolie païenne, que je faisais de vous une idole dans mon cœur, que cette sorte d'idolâtrie était aussi dangereuse qu'une autre, quoiqu'elle me parût moins criminelle; qu'enfin je songeasse à moi. Il me dit cela si fortement que je n'avais pas le mot à dire. Enfin, après six heures de conversation très-agréable, quoique très-sérieuse, je le quittai et vins ici, où je trouvai tout le triomphe du mois de mai, le rossignol, le coucou, la fauvette, qui ont ouvert le printemps dans la forêt; je m'y suis promenée tout le soir toute seule; j'y ai trouvé mes tristes pensées, mais je ne veux plus vous en parler. J'ai destiné une partie de cette après-dînée à vous écrire dans le jardin, où je suis étourdie de trois ou quatre rossignols qui sont sur ma tête. Ce soir je m'en retourne à Paris pour faire un paquet et vous l'envoyer.

Madame de la Fayette, versée comme un érudit dans les langues classiques et qui commentait Horace et Virgile, écrivait en même temps ses premiers romans français où palpitait un cœur qui se repose d'avoir aimé : elle déplorait en se moment l'absence de son ami, le duc de la Rochefoucauld, qui servait, quoique infirme, en volontaire au siége de Lille. Madame de Motteville, cette confidente d'Anne d'Autriche, importume au roi dont elle avait trop ouvertement blâmé les vices, s'était retirée après la mort de la reine-mère ; elle écrivait en silence ses Mémoires avec l'autorité d'une femme qui a tout vu, mais avec les réticences d'une confidente qui sait se taire.

Madame de Guénégaud peignait avec un talent qui rivalisait avec celui des maîtres du temps. Ses tableaux, suspendus à côté de ceux du Poussin, décoraient la chapelle et la galerie du château de Fresnes. Les entretiens roulaient sur les victoires du roi en Flandre et sur les chefs-d'œuvre du *Misanthope* du *Cid* et d'*Andromaque,* dont Molière, Corneille et Racine illustraient cette année la scène. Les juges étaient dignes de ces jeux du génie.

XXXIX

La paix d'Aix-la-Chapelle et la construction de Versailles, les fêtes que le roi y donna à madame de Montespan, encore dérobée sous le demi-jour mais déjà reine de son cœur, rappelèrent madame de Sévigné et sa fille à Paris. Elles assistèrent à ces fêtes de 1668, dont la description transporte l'imagination aux féeries du luxe. Mademoiselle de Sévigné, assise à la table du roi, au milieu de trois cents femmes avides de son coup d'œil, les éclipsa toutes. Le roi parut ébloui. Les courtisans, qui devinaient les goûts du maître, se répandirent en idolâtrie pour la nouvelle idole. Le duc de la Feuillade, favori, à qui madame de Montespan portait ombrage, fomenta dans le cœur du roi un penchant qu'il crut entrevoir pour mademoiselle de Sévigné ; le bruit se répandit qu'elle avait conquis la faveur du maître; le siècle était si assoupli qu'on ne supposa pas même une résistance. Bussy, l'ami de la mère, le protecteur né de la fille, le gentilhomme superbe de sa naissance et de ses grades se félicite tout haut dans ses lettres de la honteuse faveur de sa jeune cousine. Il se trompait : le roi avait dissimulé sous son attention feinte pour mademoiselle de Sévigné sa passion réelle pour madame de Montespan.

Cette fausse faveur ne servit heureusement qu'à la fortune du fils de madame de Sévigné. Ce jeune homme, doué de toute la bravoure de son père et de toutes les grâces de sa mère, n'occupait dans le cœur de madame de Sévigné que le peu de place qu'y laissait sa fille. Les grandes passions ne souffrent pas le partage. Cette mère l'aimait, mais avec la négligence d'un cœur trop plein d'un autre sentiment. Le baron de Sévigné, carcatère souriant, tolérait sans envie cette négligence de sentiment de sa mère pour lui. Il se rangeait volontairement au second rang dans son cœur; soit amour pour cette mère dont il aimait jusqu'à l'injustice, soit habitude prise de bonne heure de n'occuper dans la famille qu'un rang cher mais subalterne, soit admiration pour cette sœur qui avait accoutumé depuis son berceau tous les familiers de madame de Sévigné à l'enthousiasme, il s'accommodait complaisamment de cette seconde place, il était le courtisan plus que le fils et le frère de sa mère et de sa sœur Il amusait et intéressait cette mère plus qu'il ne la passionnait. Elle songeait cependant à sa fortune militaire. Son éducation forte et littéraire, sous le regard d'une mère si supérieure, le plaçait au niveau de toute la jeunesse de son âge. Il avait vingt ans, il attendait une occasion de se signaler à l'attention du roi. Cette occasion se présenta.

Les Turcs assiégeaient depuis vingt-quatre ans la capitale de la Crète, Candie, défendue par les Vénitiens. La vieille alliance de la France et de la Turquie, pour contre-balancer la maison d'Autriche, empêchait Louis XIV de porter secours aux Vénitiens ; d'un autre côté, l'antipathie religieuse des chrétiens contre les musulmans faisait rougir le roi très-chrétien de laisser succomber le dernier rempart du christianisme dans la Méditerranée, sans lever le bras pour défendre la croix presque abattue sous ses yeux. Il fallait concilier la déférence pour le pape avec sa politique; il ne se présentait qu'un subterfuge, indigne à la fois du politique et du chrétien ; l'embarras de conscience le lui fit adopter. Tout en continuant de déclarer amitié aux Turcs, il autorisa le duc de La Feuilade à lever un corps de gentilshommes volontaires qui n'auraient d'autre drapeau que celui de la croix et qui iraient combattre contre les Ottomans. La noblesse française se jeta avec l'impétuosité de son courage dans cette expédition d'aventuriers désavoués, mais protégés. Les d'Aubusson, parents du héros de Rhodes, les Langeron, les Beauvau, les Fénelon, les Créqui, les La Rochejacquelein, les Xaintrailles, les Saint-Paul, les Gramont, les Château-Thierry, les Chamborant, s'enrôlèrent dans cette croisade. Turenne, ami et admirateur de madame de Sévigné, conseilla à son fils de commencer sa carrière militaire par cette campagne sur laquelle la religion et la distance jetteraient le prestige qui couvre toujours les choses d'Orient. Le duc de la Rochefoucault donna à madame de Sévigné le même conseil. Le jeune comte de Saint-Paul, fils charmant de la belle duchesse de Longueville, et dont le duc de la Rochefoucauld passait pour être le père, levait un escadron de cent cinquante jeunes gentilshommes impatients d'exploits. Le baron de Sévigné partit avec le comte de Saint-Paul. Les Français y montrèrent une valeur qui honora leur nom, mais aussi une jactence, une insubordination et une impatience qui perdirent la ville. Ils périrent presque tous dans des sorties contre une armée de Turcs. Les Vénitiens leur reprochèrent leur fougue, ils reprochèrent aux Vénitiens leur prudence; décimés par le sabre des Ottomans, ils laissèrent la plage de Candie couverte des cadavres de leurs chefs; les survivants se rembarquèrent avant la chute de la place, laissant l'île de Crète déplorer le funeste secours qu'ils lui avaient apporté et que leur inconstance avait tourné en ruine.

XL

Le départ de son fils pour une expédition si capricieusement conçue et si capricieusement abandonnée coûta quelques larmes à madame de Sévigné, mais ces larmes furent promptement séchées par un sourire de sa fille. Rien ne manquait profondément à son cœur tant que sa fille lui restait. Sa tendresse même a un accent léger quand elle parle à ses amis de cette absence de son fils.

« Je crois que vous ignorez, écrit-elle que

mon fils est allé en Candie avec le duc de la Feuillade et la comte de Saint-Paul. Cette fantaisie lui est entrée fortement dans la tête; il en a parlé au cardinal de Retz, à M. de Turenne, à M. de la Rochefoucauld. Voyez quels personnages! J'en ai pleuré amèrement, j'en suis sensiblement affligée; je n'aurai pas un moment de repos pendant tout ce voyage; j'en vois tous les périls, j'en suis morte; mais enfin je n'ai pas été maîtresse, et, dans ces occasions-là, les mères n'ont pas beaucoup voix au chapitre. »

Quand on compare cette légère mention du départ de son fils pour une campagne où l'héroïque héritier des Sévigné allait braver le fer, et le feu, et la mer sans beaucoup de chances de retour, avec les explosions de larmes, d'anxiété et de désespoir de la même femme lorsque sa fille entreprend le moindre petit voyage en province par un jour de pluie, on a la mesure du sentiment de cette mère pour son fils ou pour sa fille. Ce fils cependant méritait mieux d'une telle mère. En partant pour l'île de Crète, il avait de lui-même donné à madame de Sévigné sa signature en blanc pour consentir à tous les avantages de fortune qu'il lui conviendrait de faire à sa sœur, dans les stipulations matrimoniales qui pourraient intervenir en son absence.

L'heure désirée et redoutée qui allait séparer la fille de sa mère sonnait enfin. Le comte de Grignan, lieutenant général du roi en Languedoc, gentilhomme illustre de province, âgé de près de quarante ans, déjà deux fois veuf, d'un esprit plus solide qu'étendu, d'une figure plus terne qu'attrayante, d'un caractère plus ambitieux que séduisant, épousa, le 29 janvier 1669, mademoiselle de Sévigné. La mère, en choisissant M. de Grignan de préférence à un gendre plus jeune, dont le cœur n'aurait pas porté déjà la trace de deux unions et le deuil de deux épouses, n'eut évidemment pour but que de conserver sa fille à Paris. Elle se flattait que M. de Grignan, courtisan estimé du roi, changerait sa place en Languedoc contre une place à la cour dont il avait la promesse. Mademoiselle de Sévigné céda par obéissance et par lassitude d'attendre plutôt que par inclination. Sa tiédeur naturelle n'avait pas besoin d'amour dans le mariage; sa mère l'avait lassée d'adoration ; tout fut convenance, calcul et froide raison dans son consentement à ce mariage. On voit avec quelle ruse d'instinct maternel madame de Sévigné lui en dérobe et s'en dérobe à elle-même toutes les disparités dans ses lettres à ses amis.

« Il faut que je vous apprenne que la plus jolie fille de France épouse, non le plus joli garçon, mais un des plus honnêtes hommes du royaume. Toutes ses femmes sont mortes pour faire place à ma fille, et même son père et son fils, par une bonté extraordinaire, en sorte qu'étant plus riche qu'il n'a jamais été, et se trouvant d'ailleurs, et par sa naissance, et par ses mariages, et par ses bonnes qualités, tel que nous pouvions le souhaiter, nous ne le marchandons point comme on a coutume de le faire, et nous nous en fions bien aux deux familles qui ont passé avant nous. Le public paraît content, c'est beaucoup... Il a du bien, de la qualité, une charge, de l'estime, de la considération dans le monde : que faut-il davantage ? Je trouve que nous sommes bien sorties d'intrigue. »

On voit par ces allusions railleuses et presque cruelles au double et heureux veuvage de M. de Grignan, à la mort complaisante de son père et de son fils unique, que sa joie d'avoir trouvé un mari selon ses desseins l'emportait sur la décence même des expressions. On s'apercevra de plus en plus, en lisant sa correspondance, que l'esprit était en plus grande proportion que le sentiment dans sa nature, et qu'à l'exception de sa fille, tout était léger dans ses émotions.

XLI

Les premiers mois du mariage de madame de Grignan répondirent en effet aux espérances qu'avait eues madame de Sévigné de ne jamais se séparer de sa fille. Ils s'écoulèrent dans cette douce retraite de Livry, qui rappelait à madame de Sévigné ses plus beaux jours de jeunesse, en abritant encore les plus beaux jours de sa maturité. Tout ce qu'elle écrit de Livry, pendant et après ce séjour, respire la paix, l'ombre et le recueillement de ces bois.

Une seule amertume empoisonna pour elle ce bonheur. Un cheval fougueux renversa sous les yeux de la jeune comtesse de Grignan le frère cadet du comte de Grignan. Madame de Grignan était enceinte : l'excès de son émotion la fit défaillir, elle se blessa. Cette sensibilité bien naturelle fut interprétée par la calomnie comme la preuve d'une préférence criminelle de la comtesse pour le plus beau, le plus jeune et le plus aimable des Grignan; le monde retentit de ces soupçons; les poëtes le consacrèrent dans leurs épigrammes; les femmes, jalouses de la beauté et de la vertu dans une femme, l'élevèrent jusqu'aux oreilles du roi. Madame de Sévigné, atteinte dans ce qu'elle avait de plus vulnérable, la renommée de sa fille, s'en plaignit au duc de la Rochefoucauld et au prince de Condé, qui soufflèrent de haut sur cette calomnie; mais la cicatrice en resta au cœur de madame de Sévigné, et son ressentiment contre celles qui avaient colporté cette rumeur ne s'amortit jamais. Ce ressentiment, qui venait de sa tendresse, est inépuisable.

« J'allai chez madame de la Fayette, écrit-elle à sa fille; M. de la Rochefoucauld y vint; on ne parla que de vous, de la raison que j'avais d'être touché, et du dessein de parler comme il faut à *Mélusine* (madame de Marans). Je vous réponds qu'elle sera bien relancée. D'Hacqueville vous rendra un bon compte de cette affaire... »

« L'affaire de *Mélusine* est entre les mains de Langlade, après avoir passé par celles de M. de la Rochefoucauld et de d'Hacqueville. Je vous assure qu'elle est bien confondue et bien méprisée par ceux qui ont l'honneur de la connaître. »

Un malheur plus réel la menaçait. Ce gendre auquel elle avait sacrifié tant de convenances dans l'unique espoir de le conserver à Paris, échoua dans ses sollicitations d'une charge à la cour et fut nommé lieutenant général du roi ou vice-gouverneur de Provence. Cette charge exigeait que M. de Grignan résidât dans son gouvernement. Elle obtint avec peine qu'il laisserait sa fille jusqu'à sa délivrance. Madame de Grignan mit au monde une fille qu'on appela mademoiselle d'Adhémar, qui promettait les charmes de sa mère et l'esprit de sa grand-mère, mais que des ambitions cruelles de famille ensevelirent, à la fleur de sa beauté, dans un monastère.

On voit plus tard que madame de Sévigné ne put conserver au monde cette première petite-fille; mais elle sauva du cloître Pauline, qui fut depuis madame de Simiane. Il faut l'entendre elle-même; elle multiplie ses efforts et ses insinuations :

« Votre petite demoiselle (Marie-Blanche,

mademoiselle d'Adhémar) me fait pitié d'être destinée à demeurer dans ce couvent, perdue pour vous. En attendant une vocation, vous n'oseriez la remuer, de peur qu'elle ne se dissipe. Cette enfant est d'un esprit chagrin et jaloux, tout propre à se dévorer.

» Je fais réponse à ma chère petite Adhémar (Marie-Blanche) avec une vraie amitié. La pauvre enfant ! qu'elle est heureuse, si elle est contente ! Cela est, sans doute ; mais vous m'entendez bien. »

Quelques années après, au sujet de sa seconde petite-fille Pauline, elle écrit :

« Aimez, aimez Pauline ; donnez-vous cet amusement ; ne vous martyrisez point à vous ôter cette petite personne ; que craignez-vous ? Vous ne laisserez pas de la mettre au couvent dans quelques années, quand vous le jugerez nécessaire. Tâtez, tâtez un peu de l'amour maternel ; on doit le trouver assez salé, lorsque c'est un choix du cœur et que ce choix regarde une créature aimable. Je vois d'ici cette petite; elle vous ressemblera, malgré la marque de l'ouvrier. Il est vrai que ce nez est une étrange affaire; mais il se rajustera, et je vous réponds que Pauline sera belle.

» Je sais comme on reçoit M. de Grignan en Provence. Je lui recommande Pauline et le prie de la défendre contre votre philosophie. Ne vous ôtez pas tous deux ce joli amusement : hélas! a-t-on si souvent des plaisirs à choisir? Quand il s'en trouve quelqu'un d'innocent et de naturel sous notre main, il me semble qu'il ne faut pas se faire la cruauté de s'en priver. Je chante donc encore une fois : *Aimez, aimez Pauline, aimez sa grâce extrême.* »

» ... Mais parlons de Pauline, l'aimable, la jolie petite créature! Je suis étonnée qu'elle ne soit pas devenue sotte et ricaneuse dans ce couvent. Ah! que vous avez bien fait de l'en retirer! Gardez-la, ma fille, ne vous privez pas de ce plaisir; la Providence en aura soin. Je vous conseille de ne pas vous défendre de l'aimer, quand vous devriez la marier en Béarn.

» ... Dites-moi si vous ôterez Pauline d'avec vous; c'est un prodige que cette petite, son esprit est sa dot. Je la mènerais toujours avec moi, j'en ferais mon plaisir, je me garderais bien de la mettre (au couvent) avec sa sœur. Enfin, comme elle est extraordinaire, je la traiterais extraordinairement.

» Jamais vous ne serez embarrassée de cette enfant; au contraire, elle pourra vous être utile. Enfin j'en jouirais, et ne me ferais point le martyre de m'ôter cette consolation. »

XLII

Cette digression nous a paru nécessaire pour montrer la protestation du cœur de madame de Sévigne contre cette coutume barbare qui sacrifiait les filles à la fortune du fils. Reprenons notre récit à la première séparation de madame de Sévigné d'avec madame de Grignan.

Le frisson de cœur de madame de Sévigné, à l'approche du moment où il faudrait rendre sa fille à son gendre, la saisit le lendemain de la délivrance de madame de Grignan. La douleur la rend pour la première fois éloquente; ses lettres à M. de Grignan ne sont plus des conversations et des anecdotes, ce sont des supplications et des plaidoyers. Elle lui dispute un à un les semaines, les jours, les heures; tous les prétextes lui sont des raisons pour ajourner ce fatal départ; elle sent qu'on va lui arracher son âme, elle a l'agonie de la séparation. Ses lettres palpitent, brûlent, ou transissent comme la peau. La puérilité y devient pathétique; elle se retient à tout comme quelqu'un qui se noie, même à la pluie qui tombe et au vent qui court.

« Je vous avoue que l'excès d'un si mauvais temps fait que je me suis opposée à son départ pendant quelques jours. Je ne prétends pas qu'elle évite le froid, ni les boues, ni les fatigues du voyage, mais je ne veux pas qu'elle soit noyée. Cette raison, quoique très-forte, ne la retiendrait pas présentement, sans le coadjuteur qui part avec elle et qui est engagé de marier sa cousine d'Harcourt. Cette cérémonie se fait au Louvre. M. de Lyonne est le procureur; le roi lui a parlé... Ce serait une chose si étrange que d'aller seule, et c'est une chose si heureuse pour elle d'aller avec son beau-frère, que je ferai tous mes efforts pour qu'ils ne se quittent pas. Cependant les eaux s'écouleront un peu; je veux vous dire de plus que je ne sens pas le plaisir de l'avoir présentement; je sais qu'il faut qu'elle parte; ce qu'elle fait ici ne consiste qu'en devoir et en affaires; on ne s'attache à nulle société; on ne prend aucun plaisir; on a toujours le cœur serré; on ne cesse de parler de chemins, de pluies, des histoires tragiques de ceux qui se sont hasardés. En un mot, quoique je l'aime comme vous savez, l'état où nous sommes à présent nous pèse et nous ennuie; ces derniers jours-ci n'ont aucun agrément. Je vous remercie de la pitié que je vous fais; vous pouvez mieux comprendre qu'un autre ce que je souffre et ce que je vais souffrir ! »

Le surlendemain, nouvel obstacle.

« Les pluies ont été et sont encore si excessives, qu'il y aurait eu de la folie à se hasarder. Toutes les rivières sont débordées, tous les grands chemins sont noyés, toutes les ornières cachées; on peut fort bien verser dans tous les gués; enfin, la chose est au point que madame de Rochefort, qui est chez elle à la campagne, qui brûle d'envie de revenir à Paris où son mari la souhaite et où sa mère l'attend avec une impatience incroyable, ne peut pas se mettre en chemin, parce qu'il n'y a pas de sûreté, et qu'il est vrai que cet hiver est épouvantable; il n'a pas gelé un moment, et il a plu tous les jours comme des pluies d'orage; il ne passe plus aucun bâteau sous les ponts;

les arches du pont Neuf sont quasi-comblées ; enfin c'est une chose étrange. »

Le jour arrive cependant ; l'adieu est consommé ; il faut assister dans son cœur même à ses durs moments. On ne sait lequel est le plus ou le moins cruel d'avant ou d'après la séparation. Le carrosse de la fille n'est pas encore aux barrières de Paris que déjà la mère s'assied pour lui écrire, espérant la rejoindre au moins par la pensée. On voit même qu'elle étouffe à demi ses sanglots pour ne pas se rendre trop importune à ce qu'elle aime. Cette première lettre après le départ a le désordre d'une âme où la douleur, comme dans une chambre vide, n'a pas encore rangé les traces éparses d'un déménagement.

« Ah! ma douleur serait bien faible si je pouvais vous la peindre ; aussi je ne l'entreprendrai pas. J'ai beau chercher ma fille, je ne la trouve plus, et tous les pas qu'elle fait l'éloignent de moi!... Je m'en allai donc à cette chapelle de Sainte-Marie, toujours pleurant et toujours mourant; il me semblait qu'on m'arrachait le cœur et l'âme; en effet, quelle rude séparation! Je demandai la liberté d'être seule; on me mena dans la chambre de madame de Houssuit, on me fit du feu, Agnès me regardait sans me parler; c'était notre marché. J'y passai jusqu'à cinq heures sans cesser de sangloter; toutes mes pensées me faisaient mourir. J'écrivis à M. de Grignan, vous pouvez juger sur quel ton; j'allai ensuite chez madame de la Fayette, qui redoubla mes douleurs par l'intérêt qu'elle y prit; elle était seule et malade, et triste de la mort d'une sœur religieuse. Elle était comme je pouvais la désirer. M. de la Rochefoucauld y vint; on ne parla plus que de vous, et de la raison que j'avais d'être touchée... Les réveils de la nuit ont été noirs, et le matin je n'étais pas avancée d'un pas pour le repos de mon esprit. L'après-dînée se passa chez madame de la Troche et à l'Arsenal. Le soir, je reçus votre lettre, qui me remit dans mes premiers transports... »

XLIII

Et cette douleur se nourrit et se renouvelle de tout ce qui rappelle la fille à la mère. Un mois après, sa maison, l'escalier, la chambre où l'adieu s'est consommé, rouvrent par tous ses sens toutes ses blessures :

« Je vous assure, ma chère enfant, lui écrit-elle alors, que je songe à vous continuellement, et que je sens tous les jours ce que vous me dites une fois : qu'il ne fallait pas appuyer sur certaines pensées. Si l'on ne glissait pas dessus, on serait toujours en larmes, c'està-dire moi. Il n'y a lieu dans cette maison qui ne me blesse le cœur. Toute votre chambre me tue, j'y ai fait mettre un paravent tout au milieu pour rompre la vue; une fenêtre de ce degré par où je vous vis monter dans le carrosse d'Hacqueville, et par où je vous rappelai, me fait peur à moi-même, quand je pense combien alors j'etais capable de me jeter par la fenêtre, car je suis folle quelquefois. Ce cabinet où je vous embrassais sans savoir ce que je faisais; ces Capucins où j'allais entendre la messe; ces larmes qui tombaient de mes yeux à terre comme si c'eût été de l'eau qu'on eût répandue; Sainte-Marie, madame de la Fayette, mon retour dans cette maison, votre appartement, la nuit, le lendemain; et votre première lettre, et toutes les autres, et encore tous les jours; et tous les entretiens de ceux qui entrent dans mes sentiments, ce pauvre d'Hacqueville est le premier, je n'oublierai jamais la pitié qu'il eut de moi ! Voilà donc où j'en reviens, il faut glisser sur tout cela et se bien garder de s'abandonner à ses pensées et aux mouvements de son cœur. J'aime mieux m'occuper de la vie que vous faites maintenant. Cela me fait une diversion, sans m'éloigner pourtant de mon sujet et de mon objet aimé. Je songe donc à vous, et je souhaite toujours de vos lettres; quand je viens d'en recevoir, j'en voudrais bien encore. J'en attends présentement, et je reprendrai ma lettre quand j'aurai de vos nouvelles. J'abuse de vous, ma très-chère; j'ai voulu aujourd'hui me permettre cette lettre d'avance, mon cœur en avait besoin, je n'en ferai pas coutume. »

LXIV

Cette fixité de regard sur l'objet disparu ne se lasse pas, elle suit madame de Grignan dans tout le voyage. Madame de Sévigné craint d'obséder, elle s'efforce quelquefois de sourire à travers les larmes. Le moindre retour de tendresse de son enfant vers elle, une flatterie, une caresse l'enivre, lui arrache un cri de joie; elle veut se faire pardonner de trop aimer par celle qu'elle fatigue d'amour.

« Vous comprenez bien, ma belle, qu'à la

manière dont vous m'écrivez, il faut que je pleure en lisant votre lettre. Joignez à la tendresse et à l'inclination naturelle que j'ai pour vous la petite circonstance d'être persuadée que vous m'aimez, et jugez de l'excès de mes sentiments! Méchante! pourquoi me cachez-vous quelquefois de si précieux trésors? Vous avez peur que je meure de joie? Mais ne craignez-vous pas aussi que je meure de déplaisir de croire voir le contraire? Je prends votre ami d'Hacqueville à témoin de l'état où il m'a vue autrefois!... Mais quittons ces tristes souvenirs, et laissez-moi jouir d'un bien sans lequel la vie m'est dure et fâcheuse. Ce ne sont point des paroles, ce sont des vérités; madame de Guénégaud me mande de quelle manière elle vous a vue pour moi. Je vous conjure de garder le fond de ces sentiments, mais plus de larmes! elles ne vous sont pas aussi saines qu'à moi! Je suis à présent assez raisonnable, je me soutiens au besoin, et quelquefois je suis quatre ou cinq heures comme une autre ; mais peu de chose me replonge en mon premier état : un souvenir, un lieu, une parole, une pensée un peu trop arrêtée, vos lettres surtout, les miennes même en les écrivant, quelqu'un qui me parle de vous; voilà des écueils à mon courage, et ces écueils se rencontrent souvent. Je vois madame de Villars; je m'y plais parce qu'elle entre dans mes sentiments. Madame de la Fayette comprend aussi les tendresses que j'ai pour vous, elle est touchée de celles que vous me témoignez. J'ai vu cette pauvre madame Amyot, elle pleure bien, je m'y connais! Hélas! de quoi ne me souviens-je pas! les moindres choses me sont chères. »

A dater de cette séparation commence la véritable œuvre de madame de Sévigné, l'épanchement de sa vie dans ses lettres à sa fille. La correspondance de son esprit fait place à la correspondance de son cœur; elle n'avait que le génie de l'agrément, le génie de la tendresse éclate sous ses larmes; elle ne vit plus que pour écrire à sa fille, et pour que la douce assiduité de ses lettres, besoin quotidien de son amour, ne devienne pas une fastidieuse obsession de tendresse éternellement répétée sous sa plume, elle glane partout dans ses détails domestiques, dans ses entretiens, dans ses lectures, dans ses élévations, à la cour, à la ville, à l'armée, et jusque dans les scandales de son siècle, ce qui peut lui faire pardonner de tant écrire. Elle s'efforce d'intéresser et d'amuser, afin qu'on lui pardonne d'attendrir. A cette date aussi commence l'histoire épistolaire du siècle de Louis XIV; une femme cachée dans la rue des Tournelles ou dans sa retraite des Rochers tient à son insu la plume d'un secrétaire élégant de ce règne, tandis que Saint-Simon tient celle de Tacite dans l'antichambre du Dauphin.

Singulière destinée de ce règne heureux en tout d'avoir été écrit tout entier dans ses coulisses plus que dans ses annales par une mère qui cherche à amuser sa fille et par un courtisan qui cherche à stygmatiser ses rivaux! Voltaire, dans son *Histoire du siècle de Louis XIV*, est moins historique que ces deux échos. On peut affirmer que cette bonne fortune d'avoir eu pour annalistes involontaires une mère aussi émue que madame de Sévigné et un satiriste aussi passionné que Saint-Simon a beaucoup contribué à l'intérêt et au retentissement de cette grande époque. La correspondance privée de madame de Sévigné devient donc tout à coup une chronique de France. On y voit passer en quelques lignes, en impressions successives, en anecdotes, en portraits, en confidences, en demi-mots, en réticences, en applaudissements et en murmures, mais on y voit passer tout vivants les événements, les hommes, les femmes, les gloires, les hontes, les douleurs du siècle. Il y a sur chacune de ces pages une empreinte du temps devenue ineffaçable sous cette main de femme. C'est le tableau de famille du dix-septième siècle, retrouvé sous la poussière du château de Grignan pour la dernière postérité.

On ne peut ni réduire, ni analyser, ni graver un pareil tableau ; il faut le lire traits par traits épars dans deux mille lettres, et le peintre y est tellement confondu avec les figures, qu'en étudiant le siècle on s'apparente forcément avec l'écrivain. Aussi serait-il impossible d'enlever madame de Sévigné du tableau sans déchirer la toile et sans qu'il manquât la plus vive couleur et la plus naïve expression à ce règne.

L'absence de madame de Grignan ne sépara madame de Sévigné de sa fille que des yeux. Jamais elle ne lui fut plus présente. Les intérêts de M. et madame de Grignan devenus désormais sa seule pensée la rendirent plus ambitieuse que la nature ne l'avait faite, elle fit attention à tout ce qui pouvai servir ou desservir à la cour la fortune de son gendre, elle se fit l'ambassadeur perpétuel du nouveau gouverneur de Provence auprès des hommes de qui cette fortune et cette considération dépendaient, pendant qu'elle écrivait d'admirables conseils politiques à M. de Grignan pour lui apprendre à ménager les partis, les intérêts, les vanités à Aix et à Marseille; elle se répandait plus que jamais dans les sociétés influentes de Paris pour y faire valoir ses services; elle y cultivait ave assiduité toutes les amitiés de sa jeunesse pour les reporter sur sa fille. Jusque-là elle avait joui négligemment d'être aimée; maintenant elle aspirait volontairement à plaire. Ses agréments n'étaient plus seulement des hasards, c'étaient des moyens; sa beauté toujours jeune, ses entretiens toujours recherchés, son esprit plus souple et plus caressant que jamais, étaient devenus la diplomatie des deux familles. Elle ne négligeait plus rien de ce qui pouvait rendre son nom agréable au roi et aux favorites. Son fils, revenu de la malheureuse campagne de Candie, avait besoin de faveur pour s'élever dans l'armée. C'est aussi le temps où, la cour commençant à tourner à la dévotion espagnole transmise avec le sang de Philippe II par Anne d'Autriche à son fils, madame de Sévigné suit à son insu le courant d'idées qui mène à la fois au ciel et à la faveur royale; sa vie prend le pli, ses lettres prennent l'accent, ses pensées contractent sous leur légèreté superficielle une certaine onction de piété facile. On peut croire que la douleur de vivre loin de l'objet unique de sa passion l'incline aussi plus naturellement vers la source des consolations surnaturelles. Cependant il faut remarquer, à sa gloire, que cette dévotion, devenue à cette époque un costume de cour, ne fut jamais chez elle une lâche adulation pour le parti dominant dans le conseil de la conscience du roi ; elle resta secrètement fidèle à ses premières amitiés et à ses constantes vénérations pour les Arnauld, les rigoristes et les indépendants du catholicisme ; ses gémissements et des tendresses pour les solitaires persécutés de *Port-Royal* éclatent dans ses lettres avec un accent de sainte opposition qui absout de servilité sa dévotion ; elle lisait beaucoup les *Essais* de Nicole. Ce philosophe stoïque du détachement des choses humaines la persuadait.

« Je poursuis cette *morale* de Nicole, que je trouve délicieuse ; elle ne m'a encore donné aucune leçon contre la pluie, mais j'en attends : car j'y trouve tout, et la conformité à la volonté de Dieu pourrait me suffire, si je ne voulais un remède spécifique. Enfin je trouve ce livre admirable; personne n'a encore écrit comme ces messieurs, car je mets Pascal de moitié à tout ce qui est beau. On aime tant à entendre parler de soi et de ses sentiments, que, quoique ce soit en mal, on en est charmé. J'ai même pardonné l'*enflure* du cœur en faveur du reste, et je maintiens qu'il n'y a point d'autre mot pour expliquer la vanité et l'orgueil, qui sont proprement du vent : cherchez un autre mot! j'achèverai cette lecture avec plaisir.

» Je lis M. Nicole avec un plaisir qui m'enlève; surtout je suis charmée du troisième traité, des moyens de conserver la paix avec les hommes : lisez-le, je vous prie, avec attention, et comme chacun s'y trouve, et philosophes, et jansénistes, et molinistes, et tout le monde enfin! Ce qui s'appelle chercher au fond du cœur avec une lanterne, c'est ce qu'il fait; il nous découvre ce que nous sentons tous les jours, et que nous n'avons pas l'esprit de démêler ou la sincérité d'avouer; en un mot, je n'ai jamais vu écrire comme ces messieurs-là.

» Vous savez que je suis toujours un peu entêtée de mes lectures. Ceux à qui je parle ont intérêt que je lise de bons livres. Celui dont il s'agit présentement, c'est cette *Morale* de Nicole; il y a un traité sur les moyens d'entretenir la paix entre les hommes, qui me ravit. Je n'ai jamais rien vu de plus utile, ni si plein d'esprit et de lumières. Si vous ne l'avez pas lu, lisez-le; et si vous l'avez lu, relisez-le avec une nouvelle attention. Je crois que tout le monde s'y trouve; pour moi, je suis persuadée qu'il a été fait à mon intention, j'espère aussi d'en profiter, j'y ferai mes efforts. Vous savez que je ne puis souffrir que les vieilles gens disent : Je suis trop vieux pour me corriger. Je pardonnerais plutôt aux jeunes gens de dire : Je suis trop jeune. La jeunesse est si aimable qu'il faudrait l'adorer, si l'âme et l'esprit étaient aussi parfaits que le corps. Mais, quand on n'est plus jeune, c'est alors qu'il faut se perfectionner et tâcher de regagner, par les bonnes qualités, ce qu'on perd du côté des agréables. Il y a longtemps que j'ai fait ces réflexions, et, par cette raison, je veux tous les jours travailler à mon esprit, à mon âme, à mon cœur, à mes sentiments. Voilà de quoi je suis remplie et de quoi je remplis cette lettre, n'ayant pas beaucoup d'autres sujets.

» Voilà les tours que me fait mon imagination à tout moment : il me semble toujours que tout ce que j'aime, que tout ce qui m'est bon, va m'échapper, et cela donne de telles détresses à mon cœur, que, si elles étaient continuelles comme elles sont vives, je n'y pourrais pas résister. Sur cela il faut faire des actes de résignation à l'ordre et à la volonté de Dieu. M. Nicole n'est-il pas encore admirable là-dessus? J'en suis charmée, je n'ai rien vu de pareil. Il est vrai que c'est une perfection un peu au-dessus de l'humanité, que l'indifférence qu'il veut de nous pour l'estime et l'improbation du monde; je suis moins capable que personne de la comprendre; mais, quoique dans l'exécution on se trouve faible, c'est pourtant un plaisir que de méditer avec lui, et de faire réflexion sur la vanité de la joie ou de la tristesse que nous recevons d'une telle fumée; et à force de trouver un raisonnement vrai, il ne serait pas impossible qu'on s'en servît dans certaines occasions. En un mot, c'est toujours un trésor, quoi que nous en puissions faire, d'avoir un si bon miroir des faiblesses de notre cœur. M. d'Andilly est aussi content que nous de ce beau livre.

» Il s'en faut bien que le livre de M. Nicole ne fasse en moi d'aussi beaux effets qu'en M. de Grignan ; j'ai des liens de tous côtés, mais surtout j'en ai un qui est dans la moelle de mes os. Et que fera là-dessus M. Nicole? Mon Dieu, que je sais bien l'admirer! mais que je suis loin de cette malheureuse indifférence qu'il veut nous inspirer! »

LXV

Elle s'accusait à sa fille de sentir l'élévation de cette morale sans avoir la force de sevrer son cœur de l'affection qui le remplissait.

« Hélas! mes paroles sont assez bonnes. Je les range comme ceux qui disent bien; mais la tendresse de mes sentiments me tue. Par exemple, je n'ai point été trompée par les douleurs d'être séparée de vous; je les ai imaginées comme je les sens. J'ai toujours compris que rien ne remplirait votre place, que votre souvenir me serait toujours sensible au cœur, que je m'ennuierais de votre absence, que jour et nuit je serais occupée de vous! Oui, je suis tout cela comme je l'avais pressenti; il y a plusieurs endroits sur lesquels je n'ai pas la force d'appuyer; toute ma pensée glisse là-dessus, comme vous disiez, et je n'ai pas trouvé que le proverbe fût vrai pour moi, d'*avoir la robe selon le froid*. Je n'ai point de robe pour ce froid-là! »

Elle allait chercher ses consolations dans les temples et ses souvenirs à Livry.

« Mon enfant, écrit-elle quelques jours après, il y a trois heures que je suis partie de Paris avec l'abbé (de Coulanges), Hélène (sa femme de chambre), Hébert (son valet de chambre) et Marphise (sa chienne), dans le dessein de me retirer du monde et du bruit jusqu'à jeudi soir. Je prétends être en solitude, je fais de lui une petite Trappe; je veux prier Dieu, y faire mille réflexions; j'ai résolu d'y jeûner beaucoup pour toutes sortes de raisons; de marcher pour tout le temps que j'ai été dans ma chambre, et surtout de m'y ennuyer pour l'amour de Dieu. Mais, ce que je ferai beaucoup mieux que tout cela, c'est de penser à vous, ma fille ; je n'ai point encore cessé depuis que je suis arrivée, et, ne pouvant contenir tous mes sentiments, je me suis mise à vous écrire au bout de cette petite allée sombre que vous aimez, assise sur ce siége de mousse où je vous ai vue quelquefois couchée. Mais, mon Dieu, où ne vous ai-je point vue ici ? et de quelle façon toutes ces pensées me traversent-elles le cœur! Il n'y a point d'endroit, point de lieu, ni dans la maison, ni dans l'église, ni dans le pays, ni dans le jardin, où je ne vous aie vue... Je vous vois, vous m'êtes présente, je pense et repense à vous, ma tête et mon esprit se creusent; mais j'ai beau tourner, j'ai beau chercher cette chère enfant que j'aime avec tant de passion, elle est à deux cents lieues de moi, je ne l'ai plus. Sur cela, je pleure sans pouvoir m'en empêcher. Ma bonne, voilà qui est bien faible; pour moi, je ne sais pas être forte contre ma tendresse si juste et si naturelle. L'état où ce lieu m'a mise est une chose incroyable. Je vous prie de ne pas parler de ma faiblesse; mais vous devez aimer et respecter mes larmes qui viennent d'un cœur tout à vous.

» Si j'avais autant pleuré mes péchés que j'ai pleuré pour vous depuis que je suis ici, je serais très-bien disposée pour faire mes Pâques et mon jubilé. J'ai passé ici le temps que j'avais résolu et de la manière dont je l'avais prévu. C'est une chose étrange qu'une imagination vive qui représente toutes choses comme si elles étaient encore; sur cela on songe au présent, et, quand on a le cœur comme je l'ai, on se meurt. Je ne sais où me sauver de vous, notre maison de Paris m'assomme encore tous les jours, et Livry m'achève. Pour vous, c'est par un effort de mémoire que vous pensez à moi; la Provence n'est point obligée de me rendre à vous, comme ces lieux-ci doivent vous rendre à moi. J'ai trouvé de la douceur dans la tristesse que j'aie eue ici. Une grande solitude, un grand silence, un office triste, des ténèbres chantés avec dévotion, un jeûne canonique et une beauté dans ces jardins dont vous seriez charmée, tout cela m'a plu. Je n'avais jamais été à Livry la semaine sainte.

» Hélas! que je vous y ai souhaitée! Quelque ennemie que vous soyez de la solitude, vous auriez été contente de celle-ci.

» Mais je m'en retourne à Paris par nécessité. »

LXVI

L'absence du roi de Paris, la fluctuation de sa vie dans le vide, le besoin de repasser sur les traces de ses beaux jours de recueillement avec sa fille, la ramènent aux Rochers, au fond de la Bretagne, pendant la session des états de la province où son fils représentait la noblesse. C'est là que toute sa légèreté s'évapore et que la solitude pour laquelle elle semblait si peu faite l'enveloppe du seul bonheur qui lui reste, ses souvenirs et ses tristesses. La perte de la présence de sa fille en a fait une autre femme. Elle s'y plonge dans toute la poésie des larmes, elle y épuise l'infini du regret, elle y découvre ces délicieuses sympathies entre la nature inanimée et l'âme vivante qui ont fait depuis le génie de Jean-Jacques Rousseau, de Bernardin de Saint-Pierre, de Châteaubriand, et qui étaient des mystères pour les écrivains de la cour toute mondaine de Louis XIV.

« Enfin, ma fille, me voici dans ces pauvres Rochers. Peut-on revoir ces allées, ces devises, ce petit cabinet, ces livres, cette chambre, sans mourir de tristesse? Il y a des souvenirs agréables; mais il y en a de si vifs et de si tendres, qu'on a peine à les supporter. Ceux que j'ai de vous sont de ce nombre. Ne comprenez-vous pas bien l'effet que cela peut faire dans un cœur comme le mien? J'ai quelquefois des rêveries, dans ces bois, d'une telle noirceur, que j'en reviens plus changée que dans un accès de fièvre. Là je rêve tout ce qu'on peut rêver; j'en ai le temps et le lieu; j'ai le champ libre dans mon jardin pour y faire ce qui me plaît, il me plaît de m'y promener le soir jusqu'à huit heures; mon fils n'y est plus, cela fait un silence, une tranquillité, une solitude que je ne crois pas qu'on puisse rencontrer ailleurs. Je ne vous dis point à qui je pense, ni avec quelle tendresse! Quand on devine, il n'est pas besoin de parler. Nous lisons toujours le Tasse et cette *Morale* de Nicole, qui est admirable, et *la Cléopâtre* de mademoiselle de Scudéry aux heures perdues : c'est ordinairement sur cette lecture que je m'endors. »

« Ah! mon enfant! poursuit-elle à une autre heure, que je viens de bien me promener dans l'*Humeur de ma fille!* (Nom qu'elle avait donné, dans l'enfance de madame de Grignan, à une allée de ses bois où sa fille aimait à rêver seule.) Je viens de ce bois ; vraiment ces allées sont d'un charme duquel je ne me lasse pas! Il y en a six que vous ne connaissez pas du tout, mais celles que vous connaissez sont embellies par la croissance des arbres ; il fait à présent beau et sec, j'y demeure entre chien et loup ; c'est là que j'ai le loisir de vous aimer. Je vous remercie, mon enfant, d'avoir conservé quelque doux souvenir du *patrio nido!* et pourquoi serait-il impossible de vous revoir dans ces belles allées?... »

Elle puise alors dans son âme, pour l'intérêt de ses lettres à sa fille, tout ce que la vie de la campagne offre de douces vicissitudes quotidiennes, de détails domestiques, de distractions familières. On la suit dans ses promenades, dans ses visites à ses voisins, dans ses soirées d'automne au coin du feu, dans ses lectures, dans ses badinages avec son fils qu'elle ne traite jamais sérieusement, jusque dans ses regrets d'avoir laissé sa chienne Marphise à Paris, et dans ses remords d'en avoir adopté et d'en aimer une autre.

« Vous êtes étonnée que j'aie un petit chien, voici l'aventure. J'appelais par contenance une chienne courante d'une madame qui demeure au bout de ce parc. Madame de Tarente me dit : Quoi! vous appelez un chien? Je veux vous en envoyer un, le plus joli du monde. Je la remerciai et lui dis la résolution que j'avais prise de ne plus m'engager dans cette sottise. Cela se passe, on n'y pense plus. Deux jours après, je vois entrer un valet de chambre avec une petite maison de chien toute pleine de rubans, et sortir de cette jolie maison un petit chien tout parfumé, d'une beauté extraordinaire, des oreilles, des soies, une haleine douce, petit comme une sylphide, blondin comme un blondin; jamais je ne fus plus étonnée ni plus embarrassée. Je voulus le renvoyer, on ne voulut jamais le reporter. La femme de chambre qui l'a élevé en a pensé mourir de douleur. C'est Marie qui aime le petit chien! il couche dans sa maison et dans la chambre de Beaulieu; il ne mange que du pain; je ne m'y attache point; mais il commence à m'aimer, je crains de succomber. Voilà l'histoire que je vous prie de ne point mander à Marphise, car je crains ses reproches. Au reste, une propreté extraordinaire, il s'appelle Fidèle; c'est un nom que les amants de la princesse n'ont jamais mérité de porter; ils ont été pourtant d'un assez bel air; je vous conterai quelques jour ses aventures... »

« Ce que vous me dites sur Fidèle est fort plaisant et fort joli. C'est la vraie conduite d'une coquette que celle que j'aie eue. Il est vrai que j'en ai honte et que je m'en justifie, comme vous avez vu; car il est certain que j'aspirais au chef-d'œuvre de n'avoir aimé qu'un chien, malgré les *Maximes* de M. de la Rochefoucauld, et je suis embarrassée de Marphise; je ne comprends pas ce qu'on en fait; quelle raison lui donnerai-je? Cela me jette insensiblement dans les menteries; tout au moins je lui conterai bien toutes les circonstances de mon nouvel engagement. Enfin c'est un embarras où j'ai résolu de ne jamais me retrouver : c'est un grand exemple de la misère humaine. Ce malheur m'est arrivé par le voisinage de Vitré. »

XLVII

La légèreté, les amours, les repentirs de son fils, sont le texte habituel de ses confidences à sa fille. Mais il n'est que l'objet de son enjouement qui le sacrifie sans cesse au sourire de sa sœur.

« Comme je venais de me promener avant-hier, je trouvai au bout du mail le *frater*, qui se mit à deux genoux aussitôt qu'il m'aperçut, se sentant si coupable d'avoir été trois semaines sous terre à chanter matines, qu'il ne croyait pas pouvoir m'aborder d'une autre façon. J'avais bien résolu de le gronder, et je ne sus jamais où trouver de la colère; je fus fort aise de le voir. Vous savez comme il est divertissant; il m'embrassa mille fois; il me donna les plus méchantes raisons du monde, que je pris pour bonnes. Nous causons fort, nous lisons, nous nous promenons et nous achevons ainsi l'année, c'est-à-dire le reste. »

Elle entremêla cependant sa solitude de visites à M. et madame de Chaulnes; il faut lire ces triomphantes descriptions des états, on se sent en pleine Bretagne du dix-septième siècle.

« Juin 1671. Je ne sais encore, écrit-elle à sa fille, ce que me feront les états; je crois que je m'enfuirai de peur d'être ruinée. C'est une belle chose que d'aller dépenser mille écus en fricassées et en dîners, pour l'honneur d'être la maison de plaisance de M. et madame de Chaulnes, de madame de Rohan, de M. de Lavardin, et de toute la Bretagne, qui, sans me connaître, pour le plaisir de contrefaire les autres, ne manquerait pas de venir ici. Nous verrons. »

« J'allai dîner lundi chez M. de Chaulnes, qui fait tenir les états deux fois par jour, de peur qu'on ne vienne me voir. Je n'ose vous dire les honneurs qu'on me fait dans ces états ; cela est ridicule. Cependant je n'y ai point encore couché, et je ne puis quitter mes bois ni mes promenades, quelque prière que l'on me fasse. »

« Août 1671. Enfin, ma chère fille, me voilà en pleins états, sans cela les états seraient en pleins Rochers. Dimanche dernier, aussitôt que j'eus cacheté mes lettres, je vis entrer quatre carrosses à six chevaux dans ma cour avec cinquante gardes à cheval, plusieurs chevaux de main et plusieurs juges à cheval.

C'étaient M. de Chaulnes, M. Rohan, M. de
Lavardin, MM. Coëtlogon, de Locmarie, les
barons de Guais, les évêques de Rennes, de
Saint-Malo, les MM. d'Argouges, et huit ou dix
que je ne connais point; j'oublie M. d'Harouïs,
qui ne vaut pas la peine d'être nommé. Je
reçois tout cela. On dit et on répondit beaucoup
de choses. Après une promenade dont ils
furent fort contents, une collation très-bonne
et très-galante sortit d'un des bouts du mail,
surtout du vin de Bourgogne, qui passa comme
de l'eau de Forges; on fut persuadé que cela
s'était fait avec un coup de baguette. M. de
Chaulnes me pria instamment d'aller à Vitré.
J'y vins donc lundi au soir; M. de Chaulnes me
donna à souper, avec la comédie de *Tartufe*,
point trop mal joué, et un bal où le passepied
et le menuet pensèrent me faire pleurer : cela
me fait souvenir de vous si vivement que je
n'y puis résister, il faut promptement que je

me dissipe. On me parle de vous très-souvent. et je ne cherche point longtemps mes réponses, car j'y pense à l'instant même, et je crois toujours que c'est qu'on voit mes pensées au travers mon corps de jupe. Hier je reçus toute la Bretagne à ma tour de Sévigné. Je fus encore à la comédie c'était *Andromaque* qui me fit pleurer plus de six larmes, c'est assez pour une troupe de campagne... Vous voilà bien instruite, Dieu merci, de votre bon pays. »

« Si vous me demandez comment je me trouve aux Rochers après tant de bruit, je vous dirai que je suis transportée de joie, j'y serai pour le moins huit jours, quelque façon qu'on me fasse pour me faire retourner. J'ai un besoin de repos qui ne se peut dire; j'ai besoin de dormir; j'ai besoin de manger, car je meurs de faim à ces festins; j'ai besoin de me rafraîchir; j'ai besoin de me taire, tout le monde m'attaquait et mon poumon était usé. Enfin, ma chère enfant, j'ai retrouvé mon abbé, ma Mousse, ma chienne, mon mail, Pilois, mes maçons; tout cela m'est uniquement bon en l'état où je suis. Quand je commencerai à m'ennuyer, je m'en retournerai. »

XLVIII

Au retour à Paris, les lettres changent de sujets, et reprennent aussi aisément le ton grave qu'elles étaient descendues au ton enjoué. Là, c'est la cour avec ses vicissitudes de faveur et de disgrâce; c'est le jugement plus ou moins sain sur les grands poëtes, les grands écrivains et les grands orateurs sacrés du jour; c'est la lutte entre la foi et la philosophie, lutte dans laquelle la mère penche pour la foi passive et aveugle, la fille pour la religion indépendante et raisonnée; c'est la discussion entre elles sur leurs prédilections littéraires, leurs réflexions sur les livres lus à la même heure à Livry ou à Grignan. M. de Sévigné prend parti pour sa mère, il plaisante sa sœur avec un agrément exquis et de bon goût.

« Ah! pauvre esprit, écrit-il, vous n'aimez point Homère! Les ouvrages les plus parfaits vous paraissent dignes de mépris, les beautés naturelles ne vous touchent point, il vous faut du clinquant ou des *petits corps* (allusion à Descartes, dont madame de Grignan faisait sa principale étude). Si vous voulez avoir quelque repos avec moi, ne lisez point Virgile; je ne vous pardonnerais jamais les injures que vous pourriez lui dire. Si vous vouliez cependant nous faire expliquer le sixième livre et le neuvième, où est l'aventure de Nisus et d'Euryalus, et le onze et le douze, je suis sûr que vous y trouveriez du plaisir. Turnus vous paraîtrait digne de votre estime et de votre amitié, et en un mot, comme je vous connais, je craindrais fort pour M. de Grignan qu'un pareil personnage vînt aborder en Provence. Mais moi, qui suis bon frère, je vous souhaiterais du meilleur de mon cœur une telle aventure ; puisqu'il est écrit que vous devez avoir la tête tournée, il vaudrait mieux que ce fût de cette sorte que par l'*indéfectibilité de la matière et par les négations non conversibles* (doctrine cartésienne). Il est triste de n'être occupé que d'atomes et de raisonnements si subtils que l'on n'y puisse atteindre. . . . . . .

» Quoi qu'il puisse arriver, je vous assure que ma reconnaissance et ma tendresse seront toujours les mêmes pour vous ; ma belle petite sœur. »

Corneille, la Fontaine, Bourdaloue, Bossuet, Fénelon, l'Arioste, le Tasse, Pétrarque, Montaigne, Boileau, don Quichotte, le Koran, Nicole, Pascal, Molière, étaient ses favoris; elle ne pressentait pas la grandeur de Racine, dissimulée sous l'uniforme perfection du style, dans le poëte jeune encore qui venait éclipser ses vieilles admirations. Racine, d'ailleurs, alors amoureux de la Champmeslé, actrice et beauté célèbre, était le rival heureux du baron son fils, épris de la comédienne, et qui lui prodiguait son cœur et sa fortune. Les préventions de madame de Sévigné contre Racine étaient une antipathie de famille. Dans tout le reste, son jugement sain était le précurseur de celui de la postérité. Son parti pris contre les jésuites et son engouement pour les jansénistes ne l'empêchaient pas de proclamer Bossuet et Bourdaloue les maîtres de la chaire sacrée, et de s'extasier à leur prédication. Sa dévotion cependant, conforme en cela aux autres sentiments de son âme, sacrifie tout à son unique passion pour sa fille; elle était plutôt une science qu'une inspiration, un devoir de sa vie qu'un élan de son âme. La foi apprise en faisait le fond, la piété tendre n'y était pour rien, elle croyait plus qu'elle n'adorait.

« Je viens de classer ma petite bibliothèque en une matinée, dit-elle. J'ai apporté ici une quantité de livres, je les ai rangés ce matin; on ne met pas la main sur tel que ce soit sans qu'on ait envie de le lire tout entier, tout une tablette de dévotion. Bon Dieu! quel point de vue pour honorer notre religion! L'autre tablette est toute d'histoire admirable! l'autre de morale, l'autre de poëtes, et de nouvelles, et de mémoires. Les romans sont méprisés et ils ont gagné les petites armoires. Quand je rentre dans ce cabinet, je ne comprends pas pourquoi j'en sors. Il serait digne de vous, ma fille. »

LXIX

Les plus hautes questions de métaphysique sacrée se jouent alors sous sa plume avec la même souplesse de mouvement que les badinages de sa pensée. Elle soutient, en les modérant par son sens exquis, les théories sur la *grâce* et sur l'*action* de Dieu dans les créatures, sorte de fatalité chrétienne de ses amis de Port-Royal. Une femme, simple disciple, corrige, en les expliquant, les apôtres.

« Vous lisez donc saint Paul et saint Augustin? Voilà les bons ouvriers pour rétablir la souveraine volonté de Dieu ; ils ne marchandent point à dire que Dieu dispose de ses créatures. Comme le potier, il en choisit, il en rejette ; ils ne sont point en peine de faire des compliments pour sauver la justice, car il n'y a point d'autre justice que sa volonté : c'est la justice même, c'est la règle, et, après tout, que doit-il aux hommes? Rien du tout. Il leur fait donc justice quand il les laisse à cause du péché originel, qui est le fondement de tout, et il fait miséricorde au petit nombre de ceux qu'il sauve par son fils. Jésus-Christ le dit lui-même : « Je connais mes brebis, je les mènerai paître moi-même, je n'en perdrai aucune ; je les connais, elles me connaissent. Je vous ai choisis, dit-il à ses apôtres ; ce n'est pas vous qui m'avez choisi. » Je trouve mille passages sur ce ton, je les entends tous, et, quand je vois le contraire, je dis : C'est qu'ils ont voulu parler communément; c'est comme quand on dit que Dieu s'est repenti, qu'il est en furie, c'est qu'ils parlent aux hommes; et je tiens à cette première grande vérité, qui est toute divine, qui me représente Dieu comme Dieu, comme un maître, comme un souverain créateur et auteur de l'univers, et comme un être enfin très-parfait selon la réflexion de votre père (Descartes). Voilà mes petites pensées respectueuses, dont je ne tire point de conséquences ridicules et qui n'ôtent point l'espérance d'être du nombre choisi, après tant de grâces qui sont des préjugés et des fondements de cette confiance. Je hais mortellement de vous parler de tout cela, pourquoi m'en parlez-vous? Ma plume va comme une étourdie! »

Elle passe de ces sublimités de la métaphysique aux plaisanteries les plus enjouées et les moins maternelles sur les amours de son fils, qu'elle livre à la risée un peu amère de sa sœur. Par une fatalité héréditaire contre le cœur des Sévigné, cette même Ninon de Lanclos, qui avait enlevé à vingt ans l'amour de son mari à madame de Sévigné, lui enlevait à cinquante-quatre ans le cœur de son fils. La fleur de la beauté survivait aux années dans cette courtisane. Sa renommée d'esprit, de goût, de philosophie qui s'accroissait avec le nombre de ses adorateurs, ajoutait pour Sévigné à sa séduction. Ninon n'était plus seulement un attrait, elle était une mode; on se glorifiait d'être asservi à ses charmes. Les hommes les plus illustres par le talent, et quelques-uns même des plus austères par leurs paincipes, ne se déshonoraient pas en fréquentant sa maison. On voit par les plaintes de madame de Sévigné à sa fille que Racine et Boileau soupaient chez Ninon au dépens de son fils, après avoir lu le matin leurs vers au roi et à madame de Maintenon.

Cette double séduction dans la même famille, à trente ans de distance rouvrit la blessure au cœur de madame de Sévigné; elle se révolta contre Ninon et s'efforça de faire rougir son fils d'une passion contre nature.

« Mais qu'elle est dangereuse cette Ninon! écrit-elle à sa fille; si vous saviez comme elle dogmatise sur la religion, cela vous ferait horreur. Son zèle pour pervertir les jeunes gens est pareil à certain M. de Saint-Germain, que nous avons vu quelquefois à Livry. Elle trouve que votre frère a la simplicité d'une colombe; il ressemble à sa mère; c'est madame de Grignan qui a tout le sel de la maison et qui n'est pas si sotte que d'être dans cette docilité. Quelqu'un pensa prendre votre parti, et voulut lui ôter l'estime qu'elle a pour vous : elle le fit taire et dit qu'elle en savait plus que lui. Quelle corruption! Quoi! parce qu'elle vous trouve belle et spirituelle, elle veut joindre à cela cette bonne qualité sans laquelle, selon ses maximes, on ne peut être parfaite! Je suis vivement touchée du mal qu'elle fait à mon fils sur ce chapitre. Ne lui en mandez rien : nous faisons nos efforts, madame de la Fayette et moi, pour le dépêtrer d'un engagement si dangereux. »

Plus loin :

« Je crois que le chapitre de votre frère vous a fort divertie. Il est présentement en quelque repos : il voit pourtant Ninon tous les jours, mais c'est en ami. Je l'emmène en Bretagne, où j'espère que je lui ferai recouvrer la santé de l'âme et du corps. »

L'éloignement, les reproches tendres de sa mère, plus confidente de ses désordres que la décence maternelle ne le tolérerait aujourd'hui, enfin la guerre arrachèrent Sévigné à l'amour de Ninon. Madame de Sévigné le conduisit en Bretagne et fit diversion à ses regrets par le charme de ses entretiens et de son indulgence.

L

Madame de Sévigné alla ensuite passer quinze mois en Provence auprès de madame de Grignan, et reconquit tous les cœurs aliénés par la froideur de sa fille.

« Il y a huit mois que je suis ici, mon cher cousin, écrit-elle à Bussy. Je vous mandai le courage que j'avais eu d'y venir de Bretagne; je ne m'en suis pas repentie. Ma fille est aimable, comme vous le savez; elle m'aime extrêmement. M. de Grignan a toutes les qualités qui rendent la société agréable. Leur château est très-beau et très-magnifique. Cette maison a un grand air; on y fait bonne chère, on y voit mille gens. Nous y avons passé l'hiver sans autre chagrin que d'y avoir le maître de la maison malade d'une fièvre dont le quinquina a eu toutes les peines du monde à le tirer, tout quinquina qu'il est. Enfin il est guéri Il a fait un voyage à Aix, où l'on a été ravi de le revoir. D'un autre côté, mon fils est venu encore de Bretagne prendre des eaux en ce pays, où la bonne compagnie, qu'il augmente fort par sa présence, lui fait plus de bien que tout autre remède. Nous sommes donc ici tous ensemble. Il y a une jeune petite Grignan que vous ne connaissez pas, qui tient fort bien sa place. Elle a seize ans; elle est jolie, elle a de l'esprit, nous lui en donnons encore. Tout cela ensemble fait fort bien et trop bien; car je trouve que les jours vont si vite, et les mois et les années! je ne puis plus les retenir. Le temps vole et m'emporte malgré moi; j'ai bien voulu le retenir, c'est lui qui m'entraîne, et cette pensée me fait grand'peur. Le petit Grignan a passé l'hiver avec nous, il a eu la fièvre ce printemps; il n'est que depuis quinze jours retourné à son régiment. Il est encore dans les secrets de la Providence de savoir quand nous partirons pour Paris. »

De là elle revint à Paris, de là aux Rochers. La Bretagne était alors agitée par des soulèvements de paysans, occasionnés par la misère publique. Les termes dans lesquels madame de Sévigné s'exprime sur les supplices en masse infligés aux malheureux Bretons sont plus que cruels, ils sont légers; l'air de la cour avait endurci son âme sur les souffrances de ce qui mourait ainsi au-dessous de son niveau. Cette femme si sensible à un pli de feuille de rose dans la destinée de sa fille rit des potences où les troupes du roi pendent de malheureux paysans agenouillés devant leurs bourreaux, et qui ne savent pas même la langue de leurs oppresseurs. Il faut arracher ces feuilles de la correspondance de madame de Sévigné pour croire à sa sensibilité. Une femme qui peut chercher dans le spectacle de ces supplices des agréments de style pour amuser sa fille peut-être mère, mais elle n'est plus femme. Hâtons-nous de glisser sur cette tache qui attriste ces lettres.

LI

Le bonheur d'être cinq ans réunie à sa fille interrompt l'œuvre de sa vie, écrire et regretter. Elle marie son fils à une jeune héritière de Bretagne, qui ramène le baron de Sévigné des égarements de sa jeunesse à une vie honnête, retirée dans son bonheur et presque acétique. Il devient un des plus fervents et des plus austères disciples des amis de sa mère à Port-Royal. Madame de Sévigné, seule désormais, partage sa vie entre Paris, Livry et les Rochers.

Elle retrouve dans ce recueillement les sources des ses sensibilités et les grâces tristes de son style. Elle écrit à cette époque :

« Nous avons eu ici les plus beaux jours du monde jusqu'à la veille de Noël. J'étais au bout de la grande allée, admirant la beauté du soleil, quand tout d'un coup je vis sortir du couchant un nuage noir et poétique, où le soleil alla se plonger, et en même temps un brouillard affreux ; et moi de m'enfuir. Je ne suis point sortie de ma chambre ou de la chapelle jusqu'à aujourd'hui que la colombe a apporté le rameau. La terre a repris sa couleur, et le soleil ressortant de son trou fera que je reprendrai aussi le cours de mes promenades; car vous pouvez compter, ma très-chère, puisque vous aimez ma santé, que, quand le temps est vilain, je suis au coin de mon feu lisant et causant avec mon fils et sa femme. »

Dans cette solitude elle perdit peu de l'intérêt de son existence, car elle était de ces âmes de température tiède, auxquelles la vieillesse enlève peu de leur chaleur en ajoutant à leur sérénité. La seule passion, au plutôt le seul instinct qu'elle avait eu dans toute sa vie était son instinct de mère ; celui-là s'accroît au lieu de décroître dans la femme avec les années. Moins on vit en soi, plus on revit dans son enfant. Sa vie ne s'épuisait pas, elle se transvasait de plus en plus dans une autre.

Dans une telle disposition d'esprit on ne sent pas le vide, car le cœur qui n'a jamais débordé est toujours aussi plein. L'amitié suffit à la température de pareilles âmes. Madame de Sévigné avait beaucoup d'amis avec lesquels elle s'entretenait par un doux exercice de plume de causer spirituellement de toute chose; à l'exception de sa fille, sa vie n'avait été qu'une conversation de soixante et dix ans. Un seul homme, parmi ces nombreux causeurs, paraît avoir échauffé son âme jusqu'à la chaleur de la véritable amitié : cet homme était Corbinelli. C'est le nom qui revient le plus souvent dans ses lettres.

Corbinelli était un de ces hommes rares que la nature semble avoir créés pour être les spectateurs bénévoles des choses humaines, sans y prendre jamais d'autre part que la curiosité du spectacle et l'intérêt qu'ils portent aux auteurs. Ces hommes modestes, mais nécessaires, ressemblent aux confidents sur la scène; ils écoutent, ils sont là pour remplir le vide du théâtre et pour donner la réplique aux personnages; ils ont besoin d'autant d'intelligence et de finesse que les premiers rôles, mais ils n'ont pas besoin d'autant de passion, et les applaudissements ne sont pas pour eux.

Corbinelli n'avait rien de cette vanité française qui veut être regardée, il lui suffisait de jouir. Italien de naissance, indifférent comme un étranger, lettré comme un Florentin de la grande époque philosophique et poétique de Léon X, amené en France par le cardinal Mazarin, employé quelques années à Rome par ce ministre à des négations secondaires, où il avait eu le secret des grandes affaires politiques dénouées par son adresse sans en avoir le mérite apparent et la récompense, Corbinelli était resté à Paris vivant d'une pension médiocre et ne désirant rien de plus que son loisir. Il cultivait pour lui-même les lettres, l'antiquité, l'histoire, la philosophie, la société éminente de son temps. C'était un Saint-Évremond italien, égal aux plus grands esprits, mais craignant la peine que donne la recherche de la gloire, et se renfermant par paresse autant que par défaut d'ambition dans le rôle d'amateur. Il avait été un des premiers à sentir l'exquise supériorité de grâce attique dans madame de Sévigné, et il avait fait d'elle sa

Beatrix. Son admiration, son assiduité, son culte qui ne demandait aucun retour, l'avaient apparenté dans la maison; il était devenu l'homme nécessaire. Madame de Sévigné, d'abord charmée de son esprit, puis touchée de sa constance et de son désintéressement, avait fini par parler et par sentir tout haut devant lui; tout cœur qui bat fortement dans la poitrine a besoin de s'entendre dans un autre cœur. Corbinelli était l'écho de l'esprit, de l'âme et de la vie de madame de Sévigné. Il partageait par complaisance ou par prévention jusqu'à ses adorations maternelles pour sa fille. A Paris, Corbinelli voyait tous les jours madame de Sévigné; il la suivait quelquefois à Livry ou aux Rochers; absente, il lui écrivait ou en recevait des lettres fréquentes. L'empire de son amie sur lui était si doux qu'il ne se sentait pas esclave en étant asservi à tous ses goûts; cet empire était si absolu, qu'à l'époque où madame de Sévigné devint dévote, Corbnelli devint mystique. Il la suivit comme le satellite suit la planète, depuis les dissipationi mondaines de sa jeunesse jusqu'à l'ascétisme de Port-Royal et au pied des autels.

Tel était le principal ami de madame de Sévigné. Si on ôtait son nom de ses lettres, on mutilerait ce monument; il y est incrusté jusqu'au cœur, et il le mérite. Il ne faut pas priver de tels dévouements de leur seule gloire, la gloire d'avoir aimé. Corbinelli, dont la douce philosophie et l'aimable insouciance de lui-même prolongèrent démesurément l'existence, survécut à son amie comme il aurait survécu à sa propre vie; il ne mourut qu'à l'âge de cent quatre ans. Les sentiments doux vivifient l'homme.

LII

Ceux de madame de Sévigné étaient trop vifs pour qu'elle n'en fût pas consumée. L'obsession d'une seule pensée la suivait de plus en plus jusque dans ses retraites. La vie de sa fille, devenue mère à son tour, agitée par l'ambition, gênée par la prodigalité de M. de Grignan, se répercutait douloureusement dans la sienne. Elle avait de temps en temps quelques cris de joie, bientôt changés en réflexions et en larmes, à la vue des sites que remplissait pour elle l'image de son enfant.

« Me voilà, ma fille, lui écrit-elle de la Silleraie, dans les dernières années, me voilà dans un lieu où vous fûtes un jour avec moi ; mais il n'est pas reconnaissable, il n'y a plus pierre sur pierre de ce qui était en ce temps-là »

Et, en retournant aux Rochers :

« J'ai trouvé des bois, dit-elle d'une beauté et d'une tristesse extraordinaires : tous les arbres que vous avez vus petits sont devenus grands et droits, et beaux en perfection. Ils sont élevés, et font une ombre agréable ; ils ont quarante ou cinquante pieds de hauteur. Il y a un petit air d'amour maternel dans ce détail : songez que je les ai tous plantés et que je les ai vus, comme disait M. de Montbazon, *pas plus grands que cela* (M. de Montbazon avait l'habitude de parler ainsi de ses propres enfants). C'est ici une solitude faite exprès pour y bien rêver : j'y pense à vous à tout moment, je vous regrette, je vous souhaite. Votre santé, vos affaires, votre éloignement, que pensez-vous que tout cela fasse entre chien et loup? J'ai ces vers dans la tête :

> Sous quel astre cruel l'avez-vous mis au jour,
> L'objet infortuné d'une si tendre amour?

» Il faut regarder la volonté de Dieu bien fixement, pour envisager sans désespoir tout ce que je vois, dont assurément je ne vous entretiendrai pas... Je retrouvai, l'autre jour, une lettre de vous, où vous m'appeliez *ma bonne maman;* vous aviez dix ans, vous étiez à Sainte-Marie, et vous me contiez la culbute de madame Amelot, qui de la salle se trouva dans la cave. Il y a déjà du bon style à cette lettre. J'en ai trouvé mille autres, qu'on écrivait alors à mademoiselle de Sévigné; toutes les rencontres sont bien heureuses pour me faire souvenir de vous, car sans cela (ajoutet-elle en souriant tristement) où en prendrai-je l'idée ?

» Nous faisons une vie si réglée, poursuit-elle, qu'il n'est pas possible de se mal porter. On se lève à huit heures; très-souvent je vais, jusqu'à neuf heures que la messe sonne, prendre la fraîcheur des bois. Après la messe on s'habille, on se dit bonjour, on retourne cueillir des fleurs d'oranger, on dîne, on lit ou l'on travaille jusqu'à cinq heures. Depuis que nous n'avons plus mon fils, je lis pour épargner la petite poitrine de sa femme. Je la quitte à cinq heures, je m'en vais dans les aimables allées, j'ai des livres, je change de place, je varie le tour de mes promenades. Un livre de dévotion, un livre d'histoire; on va de l'un à l'autre, cela fait divertissement, un peut rêver à Dieu, à sa Providence, posséder son âme, songer à l'avenir; enfin, sur les huit heures, j'entends la cloche, c'est le souper. Je suis quelquefois un peu loin ; je retrouve ma belle-fille dans son beau parterre, nous nous sommes une compagnie ; on soupe pendant l'entre chien et loup... Je retourne avec elle *à la place Coulanges,* au milieu de ses orangers. Je regarde d'un œil d'envie la *sainte horreur des bois,* au travers la belle porte de fer que vous ne connaissez pas. Il y a un écho « un *petit rediseur mot à mot jusque dans l'oreille.* »

On voit qu'elle voulait dire jusque dans le cœur. L'écho existe encore, dit M. de Walsh, auteur d'une biographie des plus accentuées de madame de Sévigné. Une plaque de marbre dans le parterre indique aux pèlerins des Rochers la place où il faut prononcer le nom que cette mère lui a appris pour qu'il le répète.

LIII

C'étaient les dernières heures aussi du soir serein de madame de Sévigné; elles durèrent seize mois. Puis vint la mort, la mort véritable, naturelle, après une telle vie, la mort d'une mère qui se sacrifie pour son enfant et qui meurt à sa place.

Madame de Sévigné apprit aux Rochers que sa fille était malade, au château de Grignan en Provence, d'une de ces maladies sourdes et lentes qui sont comme les piéges cachés de la vie; elle partit pour Grignan dans une saison rigoureuse, et, s'oubliant elle-même, elle se consuma pendant trois mois de veilles autour du lit de madame de Grignan, comme elle avait fait autour de son berceau. Après ces trois semaines de veilles et d'insomnies, elle eut la joie de ramener sa fille à la vie; mais la sienne avait été donnée en échange. Sa tendresse seule semblait avoir retendu en elle la vie que la convalescence de madame de Grignan laissa fuir comme sans objet désormais sur la terre. Elle s'éteignit, le 16 avril 1696, dans les bras de sa fille, et entourée de ses petits-enfants en larmes. Son dernier regard vit cette fille, ressuscitée par ses soins, recueillir son âme. Elle fut ensevelie dans la chapelle du château de Grignan; mais sa véritable et vivante sépulture, ce sont ses lettres; son corps est à Grignan, son âme est toute là.

XLIV

Non loin de sa tombe, on montre aux voyageurs sa grotte chérie de Roche-Courbierre, sur les flancs de laquelle les racines d'un figuier poussent encore quelques branches contemporaines de la visiteuse de Grignan ; c'est à l'entrée de cette grotte, à l'ombre de ce figuier, qu'elle aimait à s'asseoir pour écrire. Ce lieu est voisin des grottes de Vaucluse illustrées par Pétrarque, poëte qu'elle adorait, parce qu'il n'avait vécu, comme elle, que d'une seule pensée. Madame de Sévigné, à la poésie près, est en effet le Pétrarque de la prose en France. Comme lui, sa vie n'a été qu'un nom, et elle a ému des millions d'âmes des palpitations d'un seul cœur. Comme lui, elle ne doit sa gloire qu'à un seul sentiment.

LV

Telle fut la vie sans événements de cette femme qui n'eut pas d'autre histoire que ce qui se passe entre le cœur et l'esprit dans la chambre d'une mère qui pense à sa fille absente. Des regrets, des alarmes, des tendresses, des départs imprévus, des retours espérés, des réunions passionnées, mais silencieuses, des confidences de famille dont l'intérêt ordinairement ne dépasse pas le seuil de la maison, des descriptions de lieux et de sites aimés par leurs souvenirs, des conversations avec les amis et les voisins, un écho souvent lointain des rumeurs de la cour, le commérage à huis clos d'un siècle immortel, enfin une mort douce après une vie sans drame : voilà toute cette existence. Elle est monotone comme le chant d'une nourrice qui berce son enfant depuis le berceau jusqu'à la mort, et cependant le monde ne se lasse pas de l'écouter. Les renommées des hommes de guerre, des ministres, des poëtes, des orateurs sacrés de ces temps subissent les vicissitudes de la postérité et s'enfoncent plus ou moins vite dans la brume de la distance; la personne et les lettres de madame de Sévigné n'ont cédé ni une palpitation ni une page au temps. On recherche les moindres billets, dans les archives des familles avec lesquelles cette femme mémorable fut liée, comme des trésors, et la découverte d'une correspondance de la causeuse solitaire des Rochers ne donnerait pas moins d'émotion aux érudits que la découverte d'un livre tronqué de Tacite. Pourquoi cela? C'est que le cœur humain est plus sympathique encore qu'il n'est curieux, et que les secrets de la tendresse d'une mère pour son enfant, quand ils sont surpris à la nature et gravés par le génie du sentiment, ont autant d'intérêt pour nous que les destinées d'un empire. Entrez dans l'intérieur de toutes les demeures, regardez sur la tablette de la cheminée le titre du livre le plus répandu, le plus usé par la main des lecteurs de la famille : vous trouverez vingt fois contre une la correspondsnce de madame de Sévigné. Les chefs-d'œuvre de l'esprit humain cédant le pas à cette conversation éternelle. C'est le classique des portes fermées.

LVI

Toutefois, c'est le livre de la vieillesse plus que des vertes années de la vie. Il n'a pas assez de passion pour la jeunesse. Pour s'y plaire, il faut que la première chaleur de la vie soit éteinte ou amortie en nous par l'âge avancé. C'est le livre du soir, non du matin, il a le jour doux, les ombres, les rêveries, les loisirs vagues, les sérénités du soleil couchant. Il convient à cette heure où les hommes cessant de désirer, de marcher et d'agir, s'asseoient devant la porte ou au coin du foyer pour s'entretenir à demi-voix des choses et des foules qui passent, sans être tentés de s'y mêler. C'est moins la vie que la conversation sur la vie. Ce livre délasse après les émotions du cœur et des jours. C'est le livre du repos.

Cependant il y a une leçon dans ce livre et dans cette vie de madame de Sévigné. Les mères, en le relisant, apprendront à aimer autant, et les filles à aimer davantage.

FIN

www.ingramcontent.com/pod-product-compliance
Lightning Source LLC
Chambersburg PA
CBHW050323170426
43200CB00009BA/1440